广东省“十三五”规划课题“中外课程融合的实践研究——广州市天河外国语学校中外课程融合模式个案研究”（课题编号：2015ZQJK006）研究成果

新时代中外课程融合模式研究

崔海友 著

华南理工大学出版社
SOUTH CHINA UNIVERSITY OF TECHNOLOGY PRESS
·广州·

图书在版编目（CIP）数据

新时代中外课程融合模式研究/崔海友著. —广州：华南理工大学出版社，2018.6
ISBN 978-7-5623-5601-1

Ⅰ. ①新… Ⅱ. ①崔… Ⅲ. ①课程-教学研究-中学 Ⅳ. ①G632.3

中国版本图书馆 CIP 数据核字（2018）第 074312 号

新时代中外课程融合模式研究
崔海友 著

出 版 人： 卢家明
出版发行： 华南理工大学出版社
（广州五山华南理工大学 17 号楼，邮编 510640）
http://www.scutpress.com.cn E-mail:scutc13@scut.edu.cn
营销部电话：020-87113487 87111048（传真）
策划编辑： 吴翠微
责任编辑： 张 楚 陈 蓉
印 刷 者： 广州星河印刷有限公司
开　　本： 787mm×960mm 1/16 印张：9 字数：182 千
版　　次： 2018 年 6 月第 1 版 2018 年 6 月第 1 次印刷
定　　价： 35.00 元

序

应对全球化挑战，关键在人才，基础在教育

当下，经济全球化趋势日益凸显，由于信息网络的发达和交通工具的进步，世界各国的生存和发展，更显相互依赖。面对国际金融危机、恐怖主义威胁、气候变化挑战等全球性问题，世界往何处去、人类往哪里走的严峻问题摆在世人面前。为了把握发展机遇与应对未来挑战，世界各国都把目光投向了教育。培养既具有掌握和运用现代科技能力又具备创新精神与实践能力，既有国家意识、民族情怀又有全球视野前瞻眼光的年青一代，成为各国应对未来挑战的根本举措。

少年强则国家强。人才培养，重在基础；基础教育，责无旁贷。众所周知，在决定人才培养的规格与质量的要素中，课程体系是第一要素，然后才是课程实施过程的教学、评价、管理体系和师资水平与条件保障等。在中国大地上，能否培养出既充满家国情怀、又具备全球眼光的新型人才，关键在于能否打造出一个中外融合的课程体系。这个课程体系，既能满足培养新时代中国特色社会主义建设人才的需要，又能满足培养具备走出国门参与国际合作与竞争的能力、能够担当推动人类命运共同体建设重任的新型人才的需要。无疑，这是一项需要勇气、智慧，充满使命感的挑战，也是一项需要时间检验并承受着社会压力的艰难探索。

《新时代中外课程融合模式研究》就是在这种大背景下进行的探索成果。它以广州市天河外国语学校（简称“天外”）为实践场，从自身实际出发，立足区域进行探索、验证、反思和完善，以期达到科学的高度。该校位于广州市天河区，坐落在广州珠江新城 CBD，这里外资企业、跨国公司林立，财经、教育人才众多，加上天河区经济实力雄厚，这对于开展中外课程融合模式探索来说，可谓得天独厚。本书作者崔海友是广州天河外国语学校首任校长，2012 年，他受命创办该校，结合自己三十余年教育教学和管理经验，提出了“以人为本、文化立校”的办学理念和培养“和雅君子　世界公民”的

育人目标，致力于建设“中外融合、多元选择”的课程体系，并以“自理自主、自立自强”的管理思想促进学生自主和谐发展。他还高度重视开发开设国际理解课程，走访国内著名外国语学校和国外著名中学，开展交流合作，缔结姊妹学校，共享课程资源，推动设立世界公民课程海外研学基地等。我欣赏崔校长的教育智慧和管理才华，更欣赏他探索未知领域的勇气和忧国忧民的使命感。

本书从中外课程融合模式的意涵与现状出发，介绍了中外课程融合模式研究的背景、内涵、理论诉求和研究现状以及广州市天河外国语学校和雅特色课程，全面又深刻地阐述了创建中外课程融合模式的必要性、现实性和未来发展路径。本书还重点介绍了国际课程本土化与本土课程国际化的交融，从课程理念、课程内容、课程资源、课程评价四个维度，分析和总结课程融合模式研究的实施情况。当下中外课程融合研究和实践参差不齐，有的过分媚外，把自己“融化了”；有的囫囵吞枣、生拼硬凑，导致消化不良；有的有名无实、徒有其表。可见，找准融合真谛并非易事。本书通过展现“天外”近六年发展历程，梳理中外课程融合探索的始末，深度解读、客观呈现，为进一步总结和反思“天外”面向未来的教育创新发展之路提供有价值的参考，亦为当下正在探索中外课程融合模式的中学提供了不可多得的借鉴案例。

衷心祝愿广州市天河外国语学校和崔海友校长在探索应对全球化挑战的高素质人才培养的实践中，不断取得新的进展。

是为序。

吴颖民

2018年1月26日于广州

（吴颖民 研究员、博士生导师，华南师范大学原副校长兼附属中学校长，现任中国教育学会副会长、广东省中小学校长联合会会长、广州中学校长。）

前言

《国家中长期教育改革和发展规划纲要（2010—2020年）》提出："坚持以开放促改革、促发展。开展多层次、宽领域的教育交流与合作，提高我国教育国际化水平。借鉴国际先进的教育理念和教育经验，促进我国教育改革发展，提升我国教育的国际地位、影响力和竞争力。"纲要高屋建瓴地指明了未来教育的发展方向。国际课程融合就是开展多元教育合作，在融合中达到自我升华，实现本土教育国际化的重要一环。对外国语中学而言，开展中外课程融合的探索和实践更是根本。然而能实现国际课程融合落地生根且茁壮成长的学校却不多：有的口号喊得震天响，效果却是轻飘飘，徒有其表；有的甚至融着融着就把自己的办学根本给融没了，结出些歪瓜裂枣。而本书将为我们展示一个中外课程融合的成功范本。

本书中，中外课程融合立足两条主线：国际课程本土化与本土课程国际化。由这两条主线延展、发散，构建融合课程体系的四梁八柱。本书不止于理论，不落于空谈，从实际出发，对当前国内教育相对发达地区中学所开展的中外课程融合研究案例和实践现状进行分析，阐述和论证外国语特色学校在中外课程融合模式研究方面的现状、理论、措施，以及它的前瞻性和重要性——思考如何在现有的国际课程的基础上增加具有本民族特色和优势的内容，形成有国际竞争力的课程。

广州市天河外国语学校创办于2012年，创校伊始就开始中外课程融合的探索与实践，在"和雅君子　世界公民"的办学理念指导下，构建了"和雅教育"课程体系。六年来，大胆勾画、小心求证、科学实践，从顶层设计到实施推进，皆有条不紊。这本书就是讲述天河外国语学校中西融合课程，即和雅特色课程建设的心路历程。

本书以广州市天河外国语学校和雅特色课程为例，从课程理念、课程内容、课程资源、课程评价四个维度着重梳理中外课程融合模式的思路和框架，务求全面、深刻与可行。在分析自身情况的同时，也对它的设计根据、创新举措、地域文化色彩进行充分说明，接地气、有实效、可示范。

崔海友

2018年4月6日于广州

目　　录

第一章　中外课程融合模式的意涵与现状

新时代发展背景下，建设教育强国是我国未来发展方向，也是全面建成小康社会，实现中华民族伟大复兴的基础工程。课程是教育的重要元素，也是人才培养的基本落脚点。今天的世界已成为“地球村”，各民族文化、经济、政治价值观在交融中“优胜劣汰”。教育也是如此。“不少国家都在互相比较和交流中学习与借鉴，希望让青少年通过学校课程学习适应未来社会的需求和挑战，提升国家软实力。”（张悦颖，2014）因此，探索新时代中外课程融合模式是当今学校面向未来发展的重要抉择。广州市天河外国语学校（下文简称“天外”）中外课程融合模式就是一个典型的案例。那么，中外课程融合模式的内涵是什么，当前学校对中外课程融合模式的研究和实践现状又是怎样的呢?

第一节　新时代、课程与课程融合的内涵

为了更好地解开新时代天外面向未来的教育之谜，介绍天外中外课程融合模式，即和雅特色课程，我们需要界定和理清新时代、课程、课程融合等基本概念，从而为深刻理解新时代天外中外课程融合模式的实践奠定坚实的基础。

一、新时代

“新时代”是2017年中国共产党第十九次全国代表大会对我国特色社会主义发展作出的一大重要判断。当前，我国正处于新时代，新时代就要求我们要有新的思想、新的理念、新的发展目标、新的作风、新的征程。中国特色社会主义进入新时代，是经过长期努力，承前启后、继往开来的结果。新时代是我们党决胜全面建成小康社会、全面建设中国特色社会主义现代化强国的时代，也是我国日益走近世界舞台中央、为人类作出更大贡献的时代。教育领域中，新的发展理念就是要充分认识、把握教育发展规律的再深化和人才培养的新飞跃，牢牢把握新时代对创新人才培养的新要求、新形势和新作为。天外中外课程融合模式是新时代对学校实践和理论反思的重要结晶，体现了我国特色社会主义教育现代化的最

新内涵和最新理念，彰显了我国基础教育走向世界舞台、争取国际话语权的重要发展举措，是培养新时代创新型国际化本土人才的重要思想，为推动我国“一带一路”建设提供人才支持，助力我国与国外人文交流事业取得更大的进展。

二、课程

在教育实践中，“课程”有以下几种定义：①功课的进度；②某级某类学校教学科目的全体；③某一专业教学科目的全体；④一组学科的全体；⑤一个学科。按照我国课程的定义，它指的是学校课程，并且包括了各级各类科目（史丽晶，2016）。乔治（George A. Beaikihamp，1989）认为课程存在三种方式：一是课程是叙述学校制定的教育工作计划的范围和安排的书面文件；二是学校课程体系作为学校教育的下位体系，它决定应该设置哪些具体课程，并将如何落实评价；三是课程确定了学科的具体领域。刘克兰（1989）、张传燧（2008）等也认为课程主要是指教学科目或某门具体学科。

刘旭东（2002）认为课程是“教育内容”或“教育性经验”之总和，既是“教程”更是“学程”，既有“显著”“规范”又有“隐性”“潜在”，还“隐含了标准和评价的成分”；张华（2000）认为课程有三种涵义：学科、目标或计划、学习者的经验或体验。Richard D. 等（1979）认为课程是学习者在学校环境中获得的全部经验。阿普尔（Michael W. Apple，1981）认为课程至少包括以下三个方面：日常交往隐性课程中潜移默化的标准与价值观；公开教授的多种多样的学校文本材料；教育者计划、组织和评估教学等的基本理念。D. 凯尔（Denis Lawton，1978）在《课程的变化》一书中指出，课程是在学校规划和引导下的一切学习活动，不管它是分组的或个别的施行，还是在校内或校外进行。在本书中，“课程”既是一种教育理念和教育经验，也是一种教学科目，是学校教育活动的重要组成部分，也是学校创新人才培养的发展平台。

三、课程融合

根据现代汉语词典，融合是指熔成或如熔化那样融成一体。在教育领域，融合教育主要强调普通教育与特殊教育的融通，比如让特殊儿童进入普通班和普通儿童在相同的环境中，接受特殊教育服务，并和普通儿童共同学习的一种教育方式。所以，从这个定义来看，融合教育注重教育的公平。若将“融合”与“课程”结合来说，课程融合，或称融合课程、合科课程，就是把部分的科目统合兼并于范围较广的新科目，选择对于学生有意义的论题或概括性问题进行学习。这个含义重在从科目视角来解释课程之间的融合。然而，课程不仅仅是一种科目，也是一种教育理念和教育经验，是学校各种教育活动的一种表现形式。

课程融合首先是教育理念和教学思想的融合，其次是课程内容的融合，课程融合模式包括嵌入式、平行式等。目前国内学校开设的国际课程，如AP，IB等，采用的普遍模式是并行式，即国内课程与国外课程互不交叉，分开实施。另一种是交叉的授课形式，即使用中文讲授国外的必修课程。还有一种是“拿来主义”，即完全使用国外的教法、教材和语言授课。而除了课程内容的融合，教学方式也可以融合。比如说，课堂教学全部实施小班教学、小组合作，把中国的课堂教学方式与西方的教学方式融合到一起。

因此，本书中所指的“课程融合”不仅仅指中外课程科目的整合，更是中外课程思想、方式方法、路径策略，乃至教育理念、教学方式的融合，是一种大的课程教育观、文化观和社会观。这种内涵的确定为天外“和雅君子　世界公民”理念的塑造与培养奠定了基础。

第二节　中外课程融合模式的理论诉求

中外课程融合模式的理论基础主要从宏观文化和微观课程两方面构建，力求在学校改革与实践过程中，积极促进国际化与本土化结合、理论与实践结合、宏观与微观结合、横向与纵向结合。在探索和构建“和雅特色课程模式”中，主要依据多元文化理论和建构主义理论展开深入研究。

一、多元文化理论

中外课程融合模式的构建，源自教育国际化的时代背景，它既是多元文化理论对基础教育课程改革的发展诉求，也是融合模式得以发展的理论支撑。从政治学角度看，多元民主理论认为，现代社会是多元的，民主政治应该是多元主体通过“多元竞争”（讨价还价），达成“价值趋中”（妥协）的政治。罗伯特·达尔（1999）认为，传统政治民主化理论关注宪法上的分权制衡与政府内部的权力制衡，而忽视了社会上的多元制衡机制的作用，而后者才是实现民主的关键环节。只有两种（政府与社会）权力制衡机制共同发挥作用，民主才能真正得到保障。多元主义民主的核心是决策权力的分散化以及决策过程的多元竞争和妥协性。

20世纪60年代，许多拥有多种族的西方国家，在经历过少数民族民权运动后，多元文化主义逐渐受到社会的重视。为了适应社会的发展，多元文化教育运动也慢慢展开。当今世界是一个多元文化的世界，各国都有自己的文化背景和价值取向，在世界文化的传播和整合过程中，我们必须承认文化的多元性，尊重各国文化的并存。文化接受本身即是人们在文化接触和传播过程中对文化的承受和理解。多元文化教育不仅认同学生身上独有的文化，也保障所有学生平等享有教育机会和权利（Okoyo-Johnson，2011）。它的核心价值观是承认并尊重多元文化，彰显文化多样性的价值和特质，容忍和接纳其他民族文化。传承、保持和发展多元文化，其核心内容主要通过设置多元文化课程，以推动不同种族、民族、阶层之间的文化交流（王鉴等，2007）。这一文化交流过程中，往往通过语言的形式表现出文化价值。

从教育学和全球化系统来看，多元文化与中外课程融合模式中所强调的“世界公民”理念与多种文化的交流与融合有着异曲同工之处。许多学者从教育学角度对多元文化理论进行探讨。吴坚（2014）的《全球教育发展新趋势》一书中指出多元文化教育呼吁关注少数民族裔，重视非主流族群儿童的经济权利，关注种族中心主义教育和提倡双语教育。中国在学习西方多元文化教育中需更理智，更注重“本土化”的适应性。彼得·伯杰等人在《多种全球化：当代世界的文化多样性》一书中认为，多元文化是全球化的进程与结果；不同文化之间应互相尊重，强调多种而不是一种生活方式的价值（冯增俊，2001）。P. K. 博克的《多元文化与社会进步》主要从文化系统的多元性（语言、社会结构、技术及意识形态）分析文化对社会进步的影响（贺新宇，2016）。哈贝马斯（Jurgen Habermas）指出，承认差异的多元文化社会可以保证各种族群体在社会生活、文化形式等方面享有平等的权利，体现着对少数群体的尊重，这是社会和谐发展的基础（朱姝，2013）。中外课程融合是多元文化课程的主要表现形式，而“和雅”与“世界公民”的理念、内容、方法和价值则展现出多元文化对基础教育课程改革和基础教育国际化发展的新内涵、新诉求。

天外和雅特色课程从培养学生的和雅意识开始，让学生理解和雅，认同和雅，体现了东西方文化的迥异与融合。文化背景的交融让学生对世界文化有了深层的理解与认同，同时也以新的视角审视本土文化，树立和雅文化意识，体现了本土文化与国际文化的融合，突出多元文化的价值取向，是新世纪教育国际化发展潮流中不可逆转的趋势。

二、建构主义理论

中外课程融合模式的建构还与建构主义理论相关。皮亚杰是建构主义心理学的主要代表。他认为学习过程是学生自我建构的过程，是学习者在与周围环境的相互作用下，逐渐建立起对于外部世界的认识，而使得自身的知识结构不断得到深化和发展的过程。此外，维果茨基还提出了“社会构建”的思想（程凯，2016）。早在1710年，意大利哲学家詹巳蒂期塔·维柯就提出“人类只知道自己构建的知识结构”“真理即人类自身行为的建构”“认知者只知道自己的认知构造”等建构主义思想。康德主张学习者在认识世界的过程中，也同样认识了人类自身，学习者在建构世界的同时也建构了自己，他强调人自身的主动性在认识过程中的巨大作用。杜威则从建构主义视角强调学习者应该把主体与客体作为统一体进行认识，强调认知主体与客体的相互关系。所以，在构建中外课程融合模式时候，天外强调将课程的建构，与学校办学、教师、学生、环境等因素的自我建构与相互建构联系起来。和雅特色课程所倡导的中外文化的融合就是在理念、中外教师、学生、资源、评价等各种建构中不断演变和生成的，以促进在中外文化的建构中造生出一种特色的课程模式。这种课程模式兼具中外文化特点，既有课程国际化的成分，也有课程本土化的成分。课程模式的建构与实施也受到教学设计理论和实践的影响，正如雷泽提出，教学设计理论和实践研究的思路和实施在 20 世纪 90 年代就受到建构主义学习观和教学观非常大的影响（Reiser R A，2001）。

不管是教师的建构还是学生的建构，抑或是学校课程的建构，都与其建构的学习环境密不可分，并受到学校、社会、家庭等各种环境的影响。毛新勇（1999）认为建构主义理论指导下的学习环境的重要特征就是要有真实的活动，在这样的环境中更多的应该是合作帮助，而不是竞争，强调应该创设含有多重性、具有反思能力的学习环境，这样的环境中学生能选择他们学习的方式，并自己积极主动地参与决定他们自己需要学习的内容，突显以学生为主的地位。杨开城（2000）提出了建构主义学习环境的设计原则，他认为支持学习者进行建构性学习的各种学习资源组合，不仅仅只是信息资源，它有很多种，还包括认知工具、教育工作者等物理资源，还包括任务情境等软资源。天外中外课程融合模式的建构也与课程资源的开发与融合程度相关。这些资源为课程理念、课程内容与课程评价等方面提供有力的保障，有助于天外顺利开展中外课程融合模式的建构、实施与评价。

第三节　中外课程融合模式的研究现状

有关中外课程融合模式的研究现状，主要涉及课程的理念、内容、方式方法。课程实施、评价及中外合作办学课程设置的相关研究，多数集中在高等教育和高等或中等职业教育领域，在基础教育领域略显单薄，有待进一步研究和探索，特别是在国际化与本土化的课程中如何彰显中外课程融合的优势和特色。

一、基础教育中外课程融合模式的研究现状

在基础教育阶段，目前国内大多数学校教育国际化主要以中外合作办学项目

的形式开展，并在师资、教学研究、课程实施等方面进行交流。在实施过程中，引入国际课程往往是纯粹的“拿来主义”，吸收国际先进的课程理念、教学方法、教材设计和评估体系，或是单纯地将中外课程进行“拼接”。比如，刘凤元（2002）在《试论中外合作人才培养模式与课程体系的耦合》中分析了四种中外课程体系，包括全部引进国外课程体系、部分引进国外课程体系、双方共同设计课程体系和嫁接式课程体系，系统探讨了实现职业教育的国际化的途径。在课程内容融合的基础上，中西教学方式互相补充，取长补短，以期达在中西融合过程中产生最佳的实践效果。比如说，课堂教学全部实施小班教学、小组合作，有力地将中国的班级讲授式与西方的小组讨论式结合起来，从而推动中西课堂教学方式的最优发展。

二、有关中外课程与人才培养的研究现状

课程是人才培养的重要跑道和发展平台。由此，人才培养是基础教育课程改革的核心功能。张宁（2009）在《对中外合作课程“依附”与“借鉴”探析》中指出，中外合作办学发展至今已有近 20 年的时间，其中课程教学是合作办学最为根本与最为核心的人才培养途径。熊静漪（2011）在《中外合作办学课程体系设置研究》中指出了高等教育中的课程体系设置是人才培养的关键，也是引进国外优质资源的核心，同时也对我国现存的中外合作办学课程体系设置的现状进行梳理和总结，并提出建议。陈尚宝（2011）指出创新人才培养国际化与“国际视野、本土行动”的课程教学改革，其核心任务就是要将以往接受式的学习方式转变为以学生为主体的探究式学习方式。对此，我们要充分发挥学生的主体能动性，让课程成为人才培养的重要帮手，一切课程、教材和学习材料都是以“人”为主体。

三、有关中外合作办学课程设置的研究现状

随着经济全球化和教育国际化发展，中外合作办学逐步走向提质增效阶段，并从宏观办学体制和合作政策走向课程、教学、师资等微观合作层面。例如，王佳（2013）在《关于课程设置研究的综述和展望——基于中外合作办学模式视角》中揭示了中外合作办学是当前教育发展的一种趋势，影响其办学模式能否成功的关键之一就是课程设置，课程需要根据办学模式的需要而科学设置。陆劲松和丁云伟（2002）在《关于中外合作办学体制问题的思考》中认为完善中外合作办学法规需要改变旧的教育观念，创建良性的高等教育竞争环境，构建国际化课程体系是促进中外合作办学进一步发展的重要因素。

四、有关中外课程实施的研究现状

除了对中外合作办学课程设置的研究外，也有关于课程实施方面的探讨。董亦频（2007）在《中澳高中教育课程合作的研究与实践》中详细介绍了澳大利亚 VCE 课程的特点，并与中国高中课程进行对比分析，提出了中澳合作办学及 VCE 课程引进的可行做法。又如，肖海洋（2014）的《中美公立高中国际课程引进与实施研究》一方面对美国引进的国际高中课程（IBDP）特点进行了介绍，另一方面分析了目前国内公立高中引进数量最多、增长速度最快的美国大学先修课程（AP）在两所中学的实施现状，提出了关于国际课程在我国实施的建议。

教育国际交流与合作是当前我国教育改革发展的一大趋势。从国际环境来说，中国在国际舞台上日益活跃，中国优秀的传统文化理应走向国际舞台，学术界也开始了对中外课程融合问题的热烈探讨。通过文献检索，目前，以“中外合作办学模式”“中外合作办学英语课程设置”为主题的理论研究和实践研究比较多，较为集中在高等教育和中等职业教育或高等职业教育。随着我国改革开放的深入与教育领域的深层次扩大开放，许多国外课程被引入并加以研究和实践，尤其是在北京、上海等教育国际化走在全国前列的城市，这两地的名校在基础教育阶段国际课程探索方面具有一定的典型性，比如北京师范大学第二附属中学、上海中学等。

综上所述，在基础教育领域中有关外国语学校中外课程融合模式的研究不多，北京师范大学第二附属中学、北京市第八十中学、上海中学等发达地区的学校，对人才培养、国际课程设置方面做了比较细致的探究，但对于外国语学校这类特色学校的中外课程融合方面的研究缺乏全面、系统的整体审视和把握。一个不争的事实是，中国的课程体系目前在国际上还是没有话语权的。我们应该思考的是，如何在国际课程的基础上增加具有本民族特色和优势的内容，形成有国际竞争力的课程。因此，本书通过运用实地调研和文献研究等方法，以一些典型中学的国际课程为例，梳理了当前我国国际课程的开展情况，以小窥大，试图揭示我国基础教育阶段国际课程设置的规律，并从多元主义理论和建构主义理论的角度探究和分析广州市天河外国语学校中外课程融合模式，即和雅特色课程模式，以及将该模式在校内进行教学实践，通过模式的构建和教学实践，以期对国内外国语学校或中学构建中外课程融合模式和影响中外课程融合模式的关键要素探索起启示作用。

第二章　面向未来学校的天外发展背景

一所学校的发展不是突变的，而是在前期发展历程的基础上慢慢积累和发展起来的。所以，天外面向未来的中外课程融合模式与天外本身办学的背景息息相关，包括学校发展的教育基础、中外课程融合模式建构的背景等方面，为课程融合模式的实施与发展奠定基础和注入新的动力。

第一节　天外发展的教育基础

天外面向未来发展离不开其办学的教育基础。天外发展的教育基础包括天外学校的发展历程、治校思想、办学定位等方面。这些方面为天外中外课程融合模式的发展提供基本思想和目标取向。

一、天外的发展历程

广州市天河外国语学校是一所年轻的学校，创立于 2012 年 3 月，是天河区政府重点打造的，立足天河、服务广州、辐射广东的公办全日制、寄宿制完全中学。她是一所“以外语为学科特色、以多元为文化特征、以和雅品质为人才规格”的现代化、国际化的外国语学校，一所特色鲜明、质量优异、东西方文化兼容、国际化与民族化并重的品牌学校。她依靠追求卓越的理念、高远坚定的目标和脚踏实地的行动，以及卓越的师资团队和校园精神文化，已成为广州优质学校的代名词。

2012 年 4 月，天外全面启动了小升初招生宣传工作，开始招收初中生。不到 1 个月的时间，天外招生筹备组的 5 名成员，夜以继日、精心筹划，高质量地完成了招生前期的所有工作，吸引了广州市区近 5 000 名学生报名。在历经多项流程之后，天外招满了 6 个班级，共 180 名学生。正当兴奋之际，在某知名教育论坛，出现了一个质疑天外为“三无学校”（一无校舍、二无师资、三无经验）的帖子。外界的传言动摇着人心，相当一部分家长甚至已经写好申请、准备退学，形势岌岌可危。在这样关键的时刻，学校果断决定召开家长会、学生入学教育会。一方面与家长真诚沟通，介绍学校将按照怎样的理念去办学、采用什么样的培养什么样的学生、构建什么样的课程、招聘什么样的师资、进行什么样的培训、采用什么样的课堂教学模式、实行怎样的生活管理等，同时也不讳言学校现在所面临的困境。另一方面，在学生入学教育会上，让学生了解天外与他们小学以及其他学校有什么不同，重点阐述了天外的理念，让学生体验了天外的真实课堂，展现了天外如何以学生为主的德育生活等。通过这次家长会，家长们看到了一支将困境当成磨砺、将阻碍当成希望的团队，看到了一所全新学校的未来。孩子们感受到了一所不一样的学校，一所让人们向往和好奇的新型学校，一个充满家一样感觉的温馨的学校。正是这种真诚，这种充满教育理想与情怀，这种先进的教育教学理念，让学生和家长看到了希望，感动了家长，留住了学生，成功化解了这次招生危机。让天外重新回到正轨之中。

开办前 4 年，天外的管理人员和老师们一直为校址发愁，整整四个暑假忙碌于规划设计、工程施工等硬件建设和室内功能场室优化使用，为的就是每一位天外学子在开学时能享受到优质的教育教学环境。

2015 年 9 月 1 日，在师生和家长的热切关注之下，漂泊办学三年的天外正式启用珠江新城校区。800 多名师生终于开启了在自己的校区学习、生活的新历程。这也是广州市天河区自 1985 年建区以来，唯一一个完全由区政府自主规划、立项、建设并推动启用的校区。

2015 年，天外开始招收高中生。在天外珠江新城海乐路的校区，具有岭南特色的校园，满足了师生生活、学习活动的需求。但为满足天河区乃至广州市民对外国语特色教育的强烈需求，天河区将新建天外的高中部校区。在不久的将来，天外高中部将“沿用并迭加”珠江新城校区已取得的办学经验，以外语为学科特色，引入国际先进的教育思想和优秀的教师团队，培养中西兼容、个性鲜明、具有国际视野的创新人才，助推天河区成为广州建设国际科技创新枢纽的核心区。

自 2012 年创办以来，天外风雨兼程，曾两度借址于其他学校。短短 6 年，天外辗转于三个校址，由最早筹备起始的南国学校，再到第一个校园——广州市第四十七中学五山校区，后又由于学生数的增多再搬到渔沙坦校区。面对一次次外界的质疑，天外积极面对，勇往直前。到目前为止，虽然只有短短 6 年的办学历史，但是，天外已经取得了一系列硕果，得到广大学生、家长和社会人士的好评。

二、天外的治校思想

作为一所新办校，学校办学理念的确立来自于学校系统的、科学的顶层设计。自学校开办以来，和雅教育的理念就已经深深地烙在学校的各项工作中，由办学理念衍生的和雅文化开始在校园生根发芽，这是学校特色文化生长的根基，也是学校和雅特色课程生长的土壤。

2012 年学校创办之际，中国经济飞速发展，迅速成为世界第二大经济体，但文化内涵并未与经济齐头并进，社会上体现出各类与经济发展水平不匹配、不和谐的现象。和雅特色课程的提出，旨在希望唤醒学生的和雅意识，使其践行和雅行为，最终引领学生成为具有和雅气质、能够走向世界的公民。

天外学校的治校思想所秉承“和雅君子　世界公民”的办学理念，正是天外对学子内在气质风度的期盼，代表着天外人对和谐统一、高尚美好的教育形式和教育品质的追求。“和雅君子　世界公民”——明确清晰地诠释了天外对“将学生培养成什么样的人”这个问题的回答。那便是和而不凡，雅而越己的高尚君子，拥有世界视野与胸襟的高素质公民。

天外的校徽凸显了“和雅君子　世界公民”的思想（图 2－1）。校徽图案主体为蓝天下展翅高飞的海鸥。海鸥舞出的蓝色椭圆形代表地球、天空，寓意国际胸怀与视野。红色的星星代表阳光，象征卓越；黄色代表创新思维；蓝色代表海洋和天空，寓意海阔凭鱼跃、天高任鸟飞。校徽造型为开放式设计，凸显中西交融、开放包容的和雅文化。这一校徽充分体现出天外的和雅特色：校徽颜色选用来源于天外校园，校园主色调为红蓝二色，红色象征“热忱、奋进、团结”的民族品格，蓝色代表蔚蓝的天空和浩瀚的海洋，寓意师生具备海阔天空的胸怀和世界公民的视野；在“和雅君子　世界公民”办学理念之下，天外建立了别具一格的一训三风和诗情画意的校园文化，充分演绎办学理念，彰显办学特色。

图 2－1　天外校徽

天外校歌《天外天》（图 2－2）是学生、家长和教师携手创作，以中英文结合的形式呈现，体现了学校对于中西文化的包容。歌曲旋律细腻温婉，音乐和雅淡然，不仅突出了学校的区位优势，而且强调了天外学子对和雅品行的追求、对卓越能力的自信与对美好未来的展望。

图2－2　天外校歌《天外天》

天外这种面向未来的“和雅君子　世界公民”思想更可以在其校训、校风、教风和学风中可见一斑。

（一）立足“内外兼修、学贯中西”的校训

校训是学校办学理念和办学目标的凝练，是学校办学传统和办学特色的集中体现，对于提升学校精神、规范师生行为、培育学校文化，有着重要作用。天外的校训是内外兼修、学贯中西，具体体现如下。

“内外兼修”源自中国的哲学观，内修德、外修行，二者相辅相成。“修”是“使完美”之意。内外兼修，是对全校师生提出的要求，全校师生不但要在学习与生活中修炼意志、思想和品格，而且还要思行合一、品行相照，在学习和生活中养成良好的个人行为习惯，成为品德高尚、行为端正、内秀外雅、表里一致的和雅君子。

“学贯中西”与外国语学校的属性紧密相连。近代大师级的人物，都是学贯中西、学富五车的才学之士。文化知识是几千年来人类智慧的结晶，天外的全体师生要有广阔的视野，就要善于从古今中外浩瀚的知识海洋中汲取养分，成为思路开阔、眼光独到，既具国际视野又具有民族情怀，既有中华亲和力又有国际竞争力的世界公民。

（二）营造“高雅、阳光、融合”的校风

校风是一所学校各种风气的总和，是学校在办学过程中积淀而成的具有行为和道德意义的风气，在校内乃至社会上具有极大影响，并被普遍认可的思想和行为风尚。天外的校风是高雅、阳光、融合，具体体现如下：高雅，是天外对师生气质的要求，是“和雅君子”的具体表现，是“雅”的拓展及延伸；阳光，是天外对师生精神面貌的要求，各雅其雅的校园文化打造离不开阳光般的心态；融合，从全球化视域来说，面对多元文化，如何取舍融合是一生的必修课。天外的学生要融合中西文化，天外的教师要融合各种教育方法与理念，恰如其分地融合才能实现真正的和而不同。

（三）秉承“新锐、乐教善导”的教风

教风是教育机构在教学精神、教学态度和教学方法等方面形成的长期而稳定的教育教学风气，是一个学校生存和持续发展的不竭动力。良好的教风是一个学校崇高的精神旗帜，它对学生起着熏陶、激励和潜移默化的教育作用，可以提高学校的社会声誉和可信度。天外的教风是新锐、乐教善导，具体体现如下。

“新锐”是天外教学风格的重要追求，它既有敢为人先、锐意进取的含义，也有教学领域的后起之秀之意。天外是一所新学校，要想获得长远发展，需要教师在教育教学的方法和理念上，敢于打破陈规，触发创新精神，走在时代前列，引领天河教育、广州教育，甚至是广东教育的潮流，成为教育领域的开拓者。

“乐教善导”指的是有教无类、乐教善导，是天外对教师的师德要求和教学高超技能的追求，是教师的工作态度和能力的完美统一。天外的小组合作教学模式，更离不开每一位教师的乐教善导。

（四）倡导“合作、乐学、善思”的学风

学风，即学生在长期的学习过程中形成的一种相对稳定的学习风气与学习氛围，是学生总体学习质量和学习面貌的重要标志，是学生群体心理和行为在治学上的综合表现。良好的学风不仅能让学生受到潜移默化的熏陶与感染，还能内化

为一种向上的精神动力。在优良的学习环境中，学生的思想品德、价值观念、行为方式、意志情感等都会受到熏陶感染，促进自我成长。天外的学风是合作、乐学、善思，具体体现如下。

合作是指个人与个人、群体与群体之间为达到共同目的，相互配合的一种联合行动、方式。天外之所以坚定不移地实施小班化教学，最重要的一个原因，就是要培养天外学子合作的能力。

乐学源自于孔子提出的“知之者不如好之者，好之者不如乐之者”。以学习为快乐的学生，效率会大大提高。

善思，是天外对学生创新能力高度重视的具体体现。杰出的人才无不充满创造力，而善思是创造能力最基本的因素之一。善于思考问题、分析问题、解决问题的孩子，将会有一个灿烂无比的未来。

天外提出“和雅君子　世界公民”的办学理念，培养外语突出、文理并重，中西兼容、个性鲜明、具有和雅品质的世界公民。创建的“和雅”特色课程，以培养品行和雅、具有跨文化交际能力和创新能力的未来人才为目标。秉承培养“和雅君子　世界公民”的办学理念，积极探索培养具有创新精神和动手实践能力的人才路径。希望每一位天外学子在此形成独立人格，从此走向世界！

三、天外的办学定位

天外立志办成一所立足天河、服务广州、辐射广东，理念先进、环境幽雅、师资优异、学生优秀、教学质量超群，以“和雅教育”为办学特色，以外语为学科特色，以多元为文化特征，以“和雅”作为人才规格的现代化、国际化外国语学校。所以说，天外是一所立身城央、天外人办的国际范的外国语学校，是一所心向未来、天外人创造和雅的品牌化学校。

（一）国际化发展定位

作为一所国际化的外国语学校，天外坚信“眼界决定境界”，积极践行“走出去”的办学方针，不断开展对外交流，增强与世界的对话，开阔学生的国际视野，让学生的学习生活更加丰富、更加欢乐，为培养“世界公民”提供各种国际化条件和资源。

立身高端居所，天外自创立起，就定位于创办国际范的品牌学校，以优质的教育满足区域经济发展需要和居民群众对教育国际化、多元化的需求，助力天河教育的国际化、多元化。全球化趋势的加快，影响着世界经济的发展，影响着国际关系的发展。世界正在变成一个“地球村”，我们正经历一场前所未有的社会大变革。为了顺应时代的发展，天外要做国际范，面向未来培育杰出人才。为了培养杰出人才，天外自创立起，就以敢为人先的精神，开启课程改革，探索小班化教学、小组合作学习、先学后教等创新做法，进而成就办学品牌。

天外还开设了世界公民课程，每年暑假期间选拔优秀的教师、学生到美国哈佛大学基地、英国剑桥大学基地、英国牛津大学基地进行学习与交流。同时，对教师和学生进行培训，提升国际化意识，增强国际化认识，为更好地促进教师国际化和学生国际化奠定基础。

培养“世界公民”，体现了天外的国际化办学的发展定位。世界公民，是尊重不同文化的公民，是懂得思考个人与世界的相互关系，认识全球发展与本土发展及个体发展关系的公民。这些，也是天外学子应该具备的格局。因此，天外将培育既能海纳百川、博采众长，又有丰富知识、创新能力、高雅气质、鲜明个性；既具民族情怀，又有国际视野的“和雅君子　世界公民”，作为办学的价值追求，以此引领学校的可持续发展。

（二）民族化的办学定位

天外作为一所面向未来的新型学校，不仅聚焦国际化的发展定位，还应立足本土发展需要、坚守民族化的办学定位。“和雅君子”就是从民族化办学定位予以考虑的，也反映了天外立足天河、服务广州、辐射广东的基本定位。这种区域本土定位，从某种意义上来说，与天河区、广州，乃至广东发展的需求密不可分。一个区域要实现长远发展，离不开优质的人力资源，而教育的目的之一就是为了培养人才。

教育事业，对一个区域发展而言，既是硬环境，又是软实力。广州市天河区政府曾在其工作报告中，提出和描绘了天河区要创建广州国际商贸中心核心区、世界文化名城中心区、智慧广州先行区、花园城市样板区和幸福广州示范区的战略目标和宏伟蓝图。要真正实现理想中的天河发展，当然离不开教育。因为，只有靠经济支撑、靠教育拉动、靠文化提升、靠法律保障，从各个层面联动展开，天河才能确保其全面和谐发展，实现其战略目标和宏伟蓝图。天河区被称为广州市高校区、高科技密集区。天河区大专院校、科研单位、大中型企业和文化场所高度集中，拥有800多家科技企业，300多家“三资”企业，各类科技人才2万多人，堪称广州的第一人才大区。高层次人才为天河区社会经济的发展提供了强有力的智力支持。为了能够获得永续不竭的发展动力，除了吸引人才，引进人才之外，天河区还应该着手培养人才。学校是人才的摇篮，培养人才也是其职责，而天外，义无反顾地担此重任。

教育助推经济，为经济发展提供源源不断的智力资源。天河区政府深谙此理，在加快经济发展的同时，也在设计区域性教育发展路径，尤其是中小学基础教育。天外，就在这样的深思熟虑、谋篇布局之中，被纳入天河发展的轨迹。

广州市天河区要打造花园式的城市样态，就要提高居民的素养，就要注重教育对人的培养。为此，在珠江新城创立优质高效的外国语学校，既是时代对优质教育的呼唤、居民的渴盼，也是天河实现区域发展的急切需求。担负着优化中央商务区经济环境的特殊使命，承担着留住世界500强企业高管的特殊任务。天河区政府重点打造了天外这所外国语学校，并予以政策倾斜，时刻关注学校的发展动向。

“和雅”正是这种区域发展下所需具备的民族文化素养及使命担当。天外以“和雅”为办学的核心理念，其提出缘由主要包括以下三点。

1. 历史传承中广州的抉择

广州有2000多年的历史，是中国最大、历史最悠久的对外通商口岸之一，也是闻名世界的海上丝绸之路的起点之一，有着“千年商都”的美誉。广州早早地就显示出独特的开放包容的城市品格，以“和而不同，兼容并蓄”的多元价值观，接纳来自世界各地的多元文化。

早在新石器时期，就已经有人类在现天河区范围内居住活动。位于广汕公路的飞鹅岭和龙眼洞村，曾经出土了大量的石器和陶器，被称为“广州第一村”，它们印证了天河区拥有悠久的历史和丰厚的人文资源。在天河区，优秀的民俗文化如粤曲、粤剧、舞狮、赛龙舟、猎德大鼓、乞巧文化等，得到了很好的传承，也焕发着时代魅力。如今，天河区较好地保留了历史建筑群，如明德堂、北帝庙、潘文治将军故居等。在长期的历史进程中，天河区居民也不断地融合了来自中原的主流文化与岭南本土文化，形成了多元文化早期融合的面貌。

改革开放以来，新生的体育文化、时尚文化、IT文化，又形成了天河特有的现代都市文化品格。天河辖内各类地标性文化建筑，使得传统与现代在这里融合，世界多元文化与中国本土文化在这里汇集。

天河区域特质中的开放、包容、融合，正体现了“和而不同，兼容并蓄”的城市文化品格。将“和雅君子 世界公民”作为天外的办学理念，是对天河区传统历史与时代变迁的选择结果。

2. 社会导向中天河区的需求

天河区自1985年建区以来，以兼收并蓄的姿态迎来各路英才。从第一代移民到21世纪的海归和高科技人才，源源不断的人才大军，成为铸就天河区辉煌的不竭动力。来自五湖四海的人才，又把各自的文化、价值观和生活方式带入天河区，形成了这一地区内多元文化并存、充满活力的人文生态格局，天河区已经成为广州市最典型的移民城区。经济的全球化推动人才的全球化，势必以全球化的视野、规格、标准来要求人才。而“和雅君子 世界公民”这一理念，顺应了全球化时代对人才培养的要求。

作为广州的新城市中心区，天河区具有优越的区位优势和良好的城区环境。

2010年，第十六届亚运会在广州主办，历经亚运会的考验，天河区市民的整体素养得到大幅提升，市民们文明的举止、和雅的气度，为孩子们提供了良好的示范。讲文明，讲礼仪，举止文雅有度，都在无形之中感染着孩子。

2012年3月天外创办之时，恰逢全国“两会”召开，此时的中国也刚刚上升为世界第二大经济体。国务院发言人表示，越来越富足的中国人，整体素质并没有随之提高，中国人的足迹遍布全世界，但也常被他国诟病，来自“文明古国”“礼仪之邦”的公民，似乎并不讲文明，也不懂礼仪。国务院发言人倡导对大家进行世界公民的教育，培养世界公民的素质。

天外提出要培育和雅君子，做世界公民的办学追求，一则回应了国家和时代的要求，二则希望由此衍生出的和雅文化，从天外开始，生根发芽，并逐步扩散到世界各个角落。

3. 兼容并包引领下的发展

在近代中国教育史上，最为大家所熟知的改革，莫过于蔡元培先生对北大教育的改革。蔡元培先生担任北大校长，以“兼容并包，思想自由”的教育思想，呼唤“民主”与“科学”，让原本充满封建沉疴的北京大学整体风气为之一变，继而使之成为当今享誉世界的教育名府。“兼容并包”已经成为北大的标志。在“兼容并包”背后所蕴含的，是一种开放的心态。这一心态不仅体现了蔡元培“海纳百川”的宏大气度，也造就了北京大学放眼寰宇的战略眼光。

天外要实现长远发展，不仅要为社会输送优质的人才，依靠学生将学校发扬光大，而且学校自身也要有可圈可点的作为，让学生因学校而倍感自豪。

人们常说“万变不离其宗”，学校的发展也是有迹可循的。天外从北京大学成功的办学经验出发，从中吸取有利因素。对一所学校而言，开放的心态是必备之物，“和雅教育”之中的“和”，就具备“和而不同”的意思，体现了一种包容的姿态。而“雅”是在“和”的基础之上形成的外在的气度，“和雅”是统一的整体。为此，天外择取“和雅”作为学校办学理念的内核。

第二节　天外中外课程融合模式的建构

一、中外课程融合模式建构的背景

《国家中长期教育改革和发展规划纲要（2010—2020年）》提出：“坚持以开放促改革、促发展。开展多层次、宽领域的教育交流与合作，提高我国教育国际化水平。借鉴国际上先进的教育理念和教育经验，促进我国教育改革发展，提升我国教育的国际地位、影响力和竞争力。”由此可见，提高学校教育国际化的水平在于创造性地开展教育交流与合作。教育国际化影响了教育每一个层次和阶段。基础教育国际化有四个层次：交流、理解、融合和主导。中外课程融合是基础教育国际化中融合层次的组成部分。一所学校的教育国际化水平往往与课程分不开，因为课程是一所学校办学水平最重要的标志，是学校教育教学工作的蓝图和依据，决定着学生素质发展的方向，教育的目标要求及内容主要通过课程得以实现。相比高等教育领域，基础教育领域的国际化研究相对单薄，亟须扎根学校的本土实践，进一步充实基础教育国际化的内涵并服务于地方教育发展。

天外作为一所特色鲜明的外国语学校，学校根据广州市、天河区显著的区域特征与学校的办学实际，提出了“和雅君子　世界公民”的办学理念。这一理念体现了对中西方文化的契合，对多元文化的认同与包容，以培养外语突出、文理并重、中西兼容、个性鲜明、具有和雅品质的世界公民。这与建设国际化融合课程恰恰是契合的，既吸取国际课程的精髓，同时最大限度地发挥本土课程的优势。“和雅”课程体系通过整合中西文化经典、开展国际理解教育，使学生既坚守、追求自己的信仰和中国的优秀文化，又能积极地去接纳吸收世界优秀的多元文化。

在新时代教育领域扩大对外开放和“一带一路”建设背景下，学校积极推进国际化发展进程，在政策、理念、教师、学生、课程、合作交流等方面着手，追求面向未来新型学校的发展之路。中外课程融合模式就是天外探索新时代背景下教育扩大对外开放的重要模式，为全面深化学校的办学思想，探索内涵式质量发展道路奠定重要的基础。

因此，本书将以广州市天河外国语学校为研究对象，并通过对天外中外课程融合模式的构建进行探究，提出和雅特色课程模式。该模式还在校内进行教学实践检验、调整和完善，以期通过模式的构建过程对国内外国语学校或中学构建中外融合课程模式起启示作用，从而促进我国基础教育国际化质量的提升，进一步扩大新时期教育对外开放水平。

二、中外课程融合模式建构的思路与框架

中外课程融合模式建构的思路主要通过采取文献研究法、调查研究法、案例研究法、行动研究法等方法，建构过程中提出了中外课程融合中“世界公民”理念及世界公民课程。并在此基础上，提出和雅特色课程模式（其具体研究的技术路线如图 2 -3 所示）；并根据天外的办学特色和优势，提炼出中外课程融合的天外实践模式（该课程模式主要包括了课程理念、课程内容、课程资源、课程评价等各方面的融合，如图 2 -4 所示）；探索并形成和雅特色课程体系。

在构建和雅特色课程模式的路线思路中，学校重点论证了国际课程本土化与

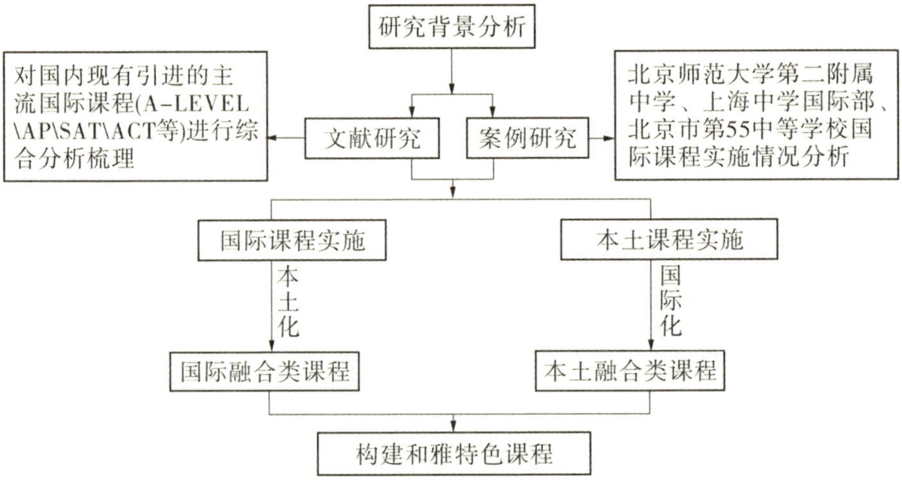

图 2-3　和雅特色课程模式研究路线图

图 2-4　和雅特色课程框架图

本土课程国际化的交融，意在培养具备国际竞争力的本土人才和具有本土情怀的国际人才。

和雅，其核心为“和而不同，雅而有致”。孔子云“君子和而不同，小人同而不和”。而和雅文化中的“和”指的是中西方文化的契合点，意味着对多元文化的包容和理解，对个性的尊重与认同。“雅”指的是中西文化的共同价值观；在中国文化中是儒雅（常用于形容君子），在西方文化中是文雅（常用于形容绅士），意味着追求真理、高尚、卓越、完美。

“和”的理念最早出自儒家。《论语·学而》篇中有“礼之用，和为贵。先王之道，斯为美；小大由之。”小到个人修炼，大到治理国家，都要达到“和”的境界。个人要“心平气和”，国家要“政通人和”。“和”是中国哲学中一个很重要的概念，出现在人们视野中最多的是“和谐”一词，就是和的注解之一。在儒家经典中，“和”主要为“和而不同”之意，即在和谐、宽容、包容中提倡个性化差异。在多元化的现代社会，在复杂的价值互动中，每个主体价值最大化的路径既不是泯灭自我，也不是扼杀他人，而是与他人“和而不同”。

雅，《说文解字》中提到："雅者，正也。"雅，在古代，它代表贵族阶层主流文化特征，同时，也是士大夫必须要达到的修养。《荀子·荣辱》中有"君子安雅"一说，雅是对正直、对高尚美德的追求，"正而有美德者谓之雅"。古代擅长琴棋书画，懂得品茶论道的人，常被称为"文人雅士"。《论语·述而》"子所雅言，诗书执礼，皆雅言也"一句中的"雅言"乃正言也，意即通过语言这一载体进行沟通，将规矩等外在要求内化为自身诉求的审美要求。郑玄的《〈周礼〉注》提到："雅，正也，古今之正者，以为后世法。"雅正，意味着追求高雅的人生修养；雅致、雅兴、雅怀等象征着追求高尚的生活特色。在西方，"雅"（elegance）代表了人们对外在美与内在美兼具的追求。可以说，"雅"是一种高贵的精神气质，一种文化品位，一种理想追求，它意味着品格高洁、美丽大方、隽秀精致。和是内在，是核心；雅是外显，是归宿。以和促雅，以雅养和是高度的完美统一。

在天外发展的过程中，和雅文化也在学校特色中播种、生根、发芽，并引领学校和雅特色课程的建设。在此基础上，本书将围绕和雅特色课程，重点论述课程理念、课程内容、课程资源和课程评价四大融合。其中，在课程理念融合方面，主要论述"和雅君子　世界公民"教育理念、核心素养与课程理念的融合、和雅特色课程融合的目标；在课程内容融合方面，则体现在和雅特色课程和世界公民课程内容融合上，它们是学校探索和构建和雅特色课程模式的中外思想和中外文化融合的结晶，有利于推动学校在国际化和本土化中寻求一条特色发展的创新人才培养之路，为新时期我国进一步扩大教育对外开放和提升基础教育国际化水平奠定基础；在课程资源融合方面，侧重整合学校一切资源和力量，建设高质量的中外课程融合模式体系，服务于学校、教师和学生的发展，其具体主要表现在师资融合、学生资源融合、活动资源融合、教材资源融合、文化资源融合等方面；在课程评价融合方面，则主要从教师主体、学生主体和课程主体三个维度出发去分析和评价课程模式的实施情况，为进一步总结和反思天外面向未来的教育创新发展之路提供有价值的参考。

第三章　中外课程融合模式之课程理念融合

中外课程融合的前提是中外教育理念和教学思想的融合，即在人才培养上达成共识：培养的学生既有扎实宽厚的基础，又有相应的技能与素养；既敢于质疑，又具有批评性思维。教育即和雅，和雅即成长。理念融合可以更好地促进学校在国际化背景下实施“和雅君子　世界公民”这一中外融合的教育理念和学校探索中外课程融合模式所倡导的课程理念。在实施世界公民课程时，学校对学生的寄语是：“读万卷书，明德博学，根植中华，成和雅君子；行万里路，知行合一，心系全球，做世界公民”。这一寄语也反映了和雅特色课程的理念。

和雅特色课程的实施，以“和而不同，雅而有致”的理念为指导，分为“笃志和雅、践行和雅、彰显和雅”三个模块，从意识、能力、品质三个方面，充分尊重学生的个性差异和选择，努力打造“个性化、有层次、高融合”的课程结构。和雅特色课程目标是依托学校的外语优势，通过和雅特色课程的教授，培养对中西文化理解、包容，具有独立人格、创新意识、良好沟通能力、较强的国际竞争力、高度社会责任感的“和雅”君子。

第一节　“和雅君子　世界公民”教育理念

教育理念是人们追求的教育理想，是建立在教育规律的基础之上的。科学的教育理念是一种“远见卓识”，它能正确反映教育的本质和时代的特征，为教育实践指明方向。天外从办学至今，一直坚守的教育理念是“和雅君子　世界公民”。这个理念，契合时代特征，又指向未来。当今日趋全球化的世界，和平与发展依然是其两大主题，任何国家、个人都不能独立甚至规避之。“世界公民”不是自我贴金，指的是今日培养的学生，必须具有本土情怀，热爱自己的祖国和本民族的文化，同时又必须兼具国际视野，理解和认同其他国家、地区或民族的文化，具有跨文化沟通的能力，通晓国际规则，在激烈的国际竞争中，把握好合作与竞争的尺度，这样才能顺应时代的发展，适应未来，才能立于不败之地。“和”（和而不同）与“雅”（雅而有致）都是世界公民应具备的基本素养。此外，创新、创造的能力是未来世界核心素养，因此融合课程也应注重这方面素养的培养。

在此理念下，学校的办学目标旨在将学生培养为不仅具备国际视野，而且通晓国际规则、能够参与国际事务和国际竞争的国际化人才；办学定位则以外语为学科特色、以多元化为文化特征、以和雅为人才规格的现代化、国际化的外国语学校。“世界公民”是全球化背景下创新人才培养的独特品质。全球化、地球村是未来的常态，人与人的交流合作更加密切，因此，课程融合研究中，应特别注重外语特色与国际理解能力的培养，让天外培养的学生具有国际理解力和文化包容度、具有国际视野、通晓国际规则，未来能参与世界竞争。为了更好认识“和雅君子　世界公民”这一教育理念，我们需要对“和雅教育”理念和“世界公民”理念进行分析。

一、“和雅教育”理念

“和雅教育”本身是一种素质教育，是促进人的发展与完善，顺应人的天性，开发人的潜能；促进人身心和谐，内在和外在统一，知识与能力并重；促进人的社会化程度的提高；促使人内和而外雅，诠释教育的本质。“和雅教育”的核心是实现人的全面和谐发展。天外实施“和雅教育”的终极目标，就是培养并造就德智体美劳诸方面全面和谐发展，具有内在文化素养、外在雅正气质的“和雅少年”。天外注重内外兼修，中西交融，注重培养学生的文明素养、公民责任、合作意识、国际视野和实践能力，这也是当今中国基础教育着力倡导的。同时，作为一种从中国文化传统出发的教育，在今天多元文化的世界格局中，“和雅教育”更能体现出中国教育的独特魅力。

“和雅教育”并非纸上谈兵，还有很多问题等待天外人去挖掘，还有很大的提升空间。或许，在将来的某一天，天外会对自己的办学做出调整，但天外人始终会坚持的办学思路是：实行三个结合（中西教育思想结合、中外教师结合、中西课程教材体系结合），掌握三种语言（中文、英语、第二外语），体现三种特色（外语特色、小班特色、和雅教育特色），培养五种能力（生存能力、学习能力、合作能力、处理信息能力、创新能力）。

学校的特色主题为“和雅教育”，即办“和而不同，各雅其雅”的教育，打造具有“新锐、乐教、善导”的教师队伍，培养外语突出、文理并重、中西兼容、个性鲜明、具有和雅品质的世界公民。

为了让“和雅教育”真正引领学校特色的发展，学校在教育教学过程中紧紧围绕“和雅君子，世界公民”的办学理念，理顺了“以人为本、科学民主”的和雅管理，确立了“和而不同，雅而有致”的和雅课程，构建“学生主体、小组合作、积极互动、师生和谐”的和雅课堂，探索“学生自我管理，学校、家庭、社会全员育人”的和雅德育，形成“中西交融、具有国际理解力和文化包容度”的和雅文化氛围。

和雅特色课程正是在学校和雅文化的引领下，融合于和雅教育的体系中，是实现学校育人目标的载体。对于天外而言，“和”为立人、立学、立教、强校之根基，“雅”是激发潜能、完善道德、提升修养、展示品位的途径。和是内在的，是核心，是中西方文化的契合点，意味着对多元文化的宽容、包容，对个性的尊重与认同。“和雅”关系图如图 3－1 所示。

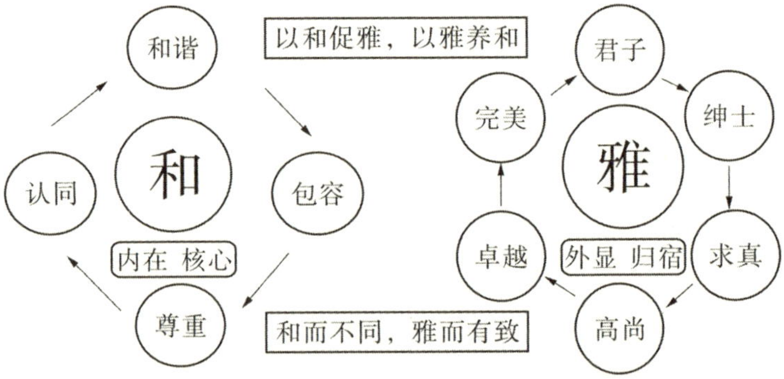

图 3－1 天外学校教育理念“和雅”之关系图

为了让“和雅教育”真正引领学校特色化发展，天外紧紧围绕“和雅君子 世界公民”的办学理念，从管理、课程、课堂、德育、教师、学生等几个方面，进行顶层设计，描绘出“和雅教育”的美好蓝图，进而致力于营造出“中西交融、具有国际理解力和文化包容度”的和雅文化氛围，铸造“和雅教育”品牌。

（一）和雅德育

陶行知先生曾说，“道德是做人的根本”“道德是建筑人格长城的基础”。人以德为先，以能为本。青少年正处于求知欲旺盛、精力充沛的人生阶段，同时，初高中阶段是他们树立人生观、价值观的最佳时期。

为了让德育不再只是班主任等少数人的专责，让全员德育真正落到实处，学校创办时就建立了班级教育小组导师制，目的是使每一个就读于天外的学生都有人生导师。班级教育小组导师制的实施，再加上学校的小班化教学，让每一个孩子都得到更多的关注，让个性发展和差异性发展成为可能，给学生提供了充分展示自我的机会，在导师的指导和关怀下，主动地、富有个性地学习、成长，为学生的终身发展奠定基础。

学生社团和第二课堂活动的开展，为“文理兼重”开辟了实践与检验的平台。文学社、摄影社、动漫社等数十个学生社团，涉及文学、绘画、音乐、社交、体育等众多领域。

各类实践活动，是发挥学生主体性的多样化的学习方式。学生通过外语短剧表演、外语时装秀、外语辩论赛、英语演讲赛等校园外语活动展现自我，与大外语课程的相辅相成，使外语素养得到不断地提升。

以“和雅德育”落实“和雅教育”，引领学生“和养自主，自正雅行”为主线，以主题班会、综合实践活动和社团活动为载体，让学生在自主参与、实践体验中进行自我引领，快乐成长，彰显个性并发扬特长。

（二）和雅课程

课程是学生成长的沃土。作为一所公办全日制外国语学校，天外严格执行国家中学教育阶段课程计划，开齐课程、开足课时，力同实现学生和谐、全面发展。如今，天外的课程已形成三大特点，如图 3－2 所示。

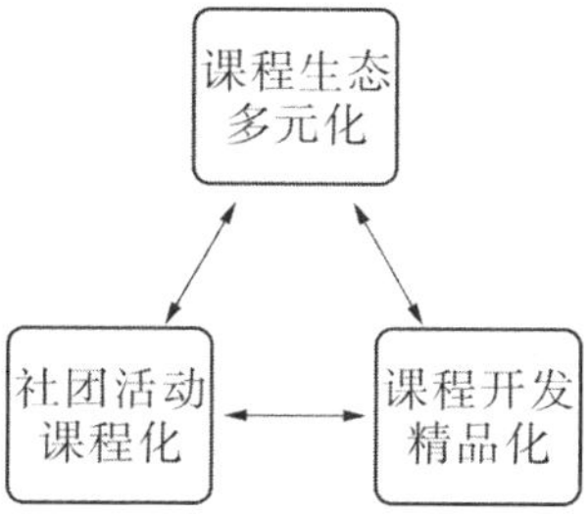

图 3－2　天外课程的特点

1. 课程生态多元化

在课程价值取向上，天外的课程生态确立起系统整体、尊重差异、提供选择的思想以及动态发展的课程观，切实处理好人与人，人与自然、人与社会的辩证关系，落实了“和雅”理念。

在课程内容上，天外的课程生态达到“科学世界”与“生活世界”的和谐与统一，人文科学课程（跨文化交际系列）与自然科学课程（创新实践系列）的整合。

在课程实施上，天外的课程生态注重教学双方在平等基础上的对话与沟通，使学生在体验性、合作性、探索性的框架下进行自主学习，并且在学习过程中建立起民主、平等、对话的新型师生关系。

2. 社团活动课程化

天外通过建立社团管理制度，保障对精品社团软环境和硬环境的支持，组织社团指导教师开发教材，撰写课程纲要，并强调动态发展的理念，淘汰准备不足、组织无序、效果不好的社团。

学生社团建设如和雅商学院、英语配音社、英语演讲社、美食社、文学社、极视天外等，为学生提供了充分的自我创新空间。

3. 课程开发精品化

随着课程的实施与开展，天外研发了一批成熟完善的课程，修订出版《和雅养成》《世界公民课程》《创新思维》《外语特色课程》《适性规划，扬帆起航——中学生生涯规划》《经典教育校本教材》等系列校本教材，并研发了课程配套的网络资源，如教师慕课、微课课程等。

（三）和雅课堂

课堂是教育教学的主阵地，是学生智力生活的主要领域。课堂教学质量的高低，不但影响到教师传授知识和培养学生能力的质量，还影响到学生学习习惯和道德思想的形成。

天外秉持“和合活力，动静雅趣”的教学理念，打造“催生学力，广纳百家”的课堂文化，让课堂充满人文关怀、充满和谐、充满雅韵，成为师生情感交流的舞台，成为师生生命成长的地方，以培养出“和而不凡，雅而越己”的天外学子。

（四）和雅管理

管理文化是一所学校凝聚力和活力的源泉。在天外，随着和雅管理的探索，无论是教师，还是学生，均日有所学、日有所进。学校管理层知人善任、兼听善问，形成一种各雅其雅、人文赏识的学校文化氛围，校内师生真诚帮助，接纳包容。

加强学习，提高管理素质。天外的行政干部除了定期参加集体学习外，还自学现代管理学、管理心理学等知识，以提高管理的水平，并向名校、名家学习，博采众长，不断充实自己，扩宽眼界、开阔心胸，以身作则，用人格的力量感动他人、影响他人。

依章治校，规划学校发展。天外借鉴优秀的外国语学校办学经验，并结合实际，制定了一系列规章制度，汇编成《广州市天河外国语学校办学规章》，还制定了《广州市天河外国语学校五年发展规划（2012. 9—2017. 9）》，以确保各项工作的有序开展。

开放强校，争创特色名校。天外通过多元合作办学、加入“全国外国语学校研究会”、引进国外课程和教材、缔结姊妹学校，采取校际互访、教师出国研修、专家教授进课堂、家长参与学校管理等措施，提高办学的开放度。

总而言之，在继承优秀传统的同时，天外治校重视培养学生创新思维能力，开设有利于青少年适应和引领未来的能力素养的多种课程和活动，并且每年通过世界公民课程的开设，拓宽学生的国际视野。

二、“世界公民”理念

在经济全球化深入发展、科技进步日新月异的今天，教育国际化已成为世界教育发展的必然趋势。在当今中国，教育国际化的战略地位日显重要。2010 年，我国颁布了《国家中长期教育改革和发展规划纲要（2010—2020 年）》，第一次明确提出要“培养大批具有国际视野、通晓国际规则、能够参与国际事务与国际竞争的国际化人才”。因此，培养具备国际文化知识、跨文化交际能力和国际社会公共价值理念的世界公民，是今天基础教育担负的时代重任。

为了更好地理清世界公民思想，必须先了解教育国际化的基本思想、发展动因和背景。教育国际化的动因理论，不同学者立足的角度和理解不同，且多数都集中在高等教育领域。美国学者菲利普·阿特巴赫（Philp G. Altbach，2007）揭示了教育国际化对国际贸易的重要性，指出大学国际化发展主要是基于追求学校发展利益、满足人们高等教育入学等需要、跨国高等教育发展的使然等动因。由此看出，市场利益、教育需求和文化流动对教育国际化发展的影响。值得注意的是，全球化不同于国际化。全球化是 21 世纪经济和学术思潮的现实背景，而国际化包括学术体系和机构，甚至是个人，对全球学术环境所采取的政策和实践策略。国际化动因可以归纳为商业利益、知识和语言习得、课程国际化需求等方面。具体来说，分校拓展、跨境合作安排、国际学生项目、双语项目和学位认证、其他与国际化相关的内容均为教育国际化的进一步发展提供动力。就大学来说，吉利安·华纳表示国际竞争、自由、社会转型等原因促使大学教育走向国际化。这样，大学就通过教育国际化秉承国际理念，参与国际竞争，推动全球各族人民自由发展（Qing Zha，2003）。J. 奈特（2006）也从国家层面和高等院校层面对大学国际化的动因给予论证。从国家角度看，大学国际化将牵涉到国家建设、战略合作、社会文化及人力资源等要素。从高等院校维度看，大学国际化重视大学办学质量的提升、国际声誉和国际形象、科研和知识发展、师生成长等方面。汉语教育国际化发展中，同样受到国际、国家和高校办学取向的影响。

国内学者对教育国际化的动因有所解读，但其思考的方式则不同于国外学者。杨启光（2011）通过探索不同国家教育国际化演变的原因，也构建了多元动因理论。该理论强调国家利益、能力建设及国际理解在高等教育国际化流变中的重要作用。李盛兵、刘冬莲（2013）等总结了国内外学者的动因演变，提出了以政治、经济、社会文化、学术及人力资源五个维度为纵坐标，以国际组织、区域、国家及高等院校四个层面为横坐标的全新动因理论体系。该动因理论是基于高等教育国际化主体的新变化而构建的，剖析了教育国际化动因理论的横纵尺度。孟照海（2009）则从政治、经济、学术、科学、宗教这五大方面窥探当前民族国家高等教育的发展存在的主要原因。更有甚者，赵哲，陶梅生（2011）从价值视角论述高等教育国际化的八大动因，主要包括国家的政治意图、经济利益、人口变迁、人类共有利益、科学技术与学术发展、高等教育一体化及大学私有化等层面。

教育国际化的整体背景下，不同民族、国家间的摩擦、矛盾乃至冲突，都需要国际理解教育。国际理解教育是提升教育对外开放治理水平的基本要求，也是新时代中外人文交流事业发展的基础。国际理解教育的重要内容就是跨文化教育。跨文化教育的目的是通过教育促进对人类间的差异理解，尊重差异，承认文化差异的价值，理解对生活方式的选择，主张和谐共处。它超越多元文化观，主要关注多种文化之间的相互关系、相互作用，是促进各种文化在社会中平等交融的一种动态过程。“世界公民”就是在这种教育国际化和多元文化背景中的一种身份象征。

世界公民是一个国家公民身份的延伸，而不是一个特殊的身份。大家同住一个地球，人人都是世界公民。我们所住的地方是世界的一部分，并且在全球化的时代浪潮下，世界各国之间的联系和互动更加频繁和紧密。对此，世界上发生的任何一件事，不管是政治、经济、军事、文化、教育、外交还是环境等方面，最终都会影响到我们每一个人。所以，从教育和人才培养角度来看，学校培养的人才不只是适合国内发展的人才，还是具备国际竞争力的人才，既自觉承担起本国公民的责任，又要了解世界公民应尽的责任。新时代背景下，教育要承担起培养世界公民理念的重要使命。

世界公民的责任是什么？如何培养世界公民？身为世界公民，每一个人都应该学会关心世界的变动，了解全球化及各国相互依存的关系；学会对社会不公平的事情发出不平之鸣；学会参与地方性乃至全球性不同级别的公共事务；愿意采取行动，让世界成为一个更公平和永续发展的地方。那么，若要成为一个世界公民，作为教育者，我们需要让学生及学校的每一个人在知识、技能、价值和态度上具备世界公民所应有的：知识层面上，了解社会公平正义、族群文化差异、全球化与相互依存的关系、永续发展、和平与冲突、贫穷及其衍生的诸多问题；技能层面上，具备独立思考的能力、有效的说服力、互助合作及解决冲突的能力；价值和态度层面上，具有同情心，学会身份认同和自我尊重、投入于促进社会公平正义的事务、尊重差异、关心环境和推动永续发展。

在这种“世界公民”思想的指引下，天外积极探索理论和实践结合，从学校实践出发，着眼于未来创新人才培养，积极建构中外课程融合模式，努力提升学校每一个人的国际化水准，促使每一个人成为世界公民。2017 年 3 月 21 日，美国圣安东尼奥山大学 Mr. Paulo 曾经访问天外，并在天外开展教师培训，对天外在学生英语语言技能和国际意识培养方面所做的工作给予了高度的肯定。他指出，英语语言技能的提高，最重要的就是在于创设情境，让学习者有更多的机会将英语运用到实际生活当中。天外为培养“和雅君子　世界公民”所开设的“世界公民课程”，让孩子们走出国门，融入西方文化，进行真实的体验，这种方式不仅能提高学生英语语言技能，更能让学生了解西方文化，开阔国际视野。此外，天外世界公民课程的开展，在很多方面都保障了让“游”“学”互相促进。世界公民课程，不完全与游学相同，因为世界公民课程是按照课程的理念来运作，为了学生，依靠学生，成就学生。在这样的课程里，学生的综合素质能够得到全方位的挑战和进步，为培养新时代“和雅君子　世界公民”奠定基础。

第二节　核心素养与课程理念的融合

一、新时代教育核心素养的新要求

面对未来世界，我们应该如何培养未来公民，以适应未来生活和学习？教育核心素养被提上议程，并成为了未来学校教育目标，这可以说是我国素质教育的深入和延续。2014 年，教育部发布《关于全面深化课程改革　落实立德树人根本任务的意见》中，第一次提出“核心素养体系”概念，并把核心素养置于深化课程改革、落实立德树人根本任务的首要位置。由此，核心素养就逐渐成为我国中小学校育人的目标。这一转变历经从强调基础知识和基本技能的“双基”到注重知识与技能、过程与方法、情感态度与价值观的三维目标，再到核心素养，促使教书走向育人这一动态立体的多维思想观。核心素养主要围绕学生作为“人”展开，旨在促进学生的全面发展，为未来生活和学习打下基础。这一思想与天外所倡导的思想观念是一致的，并通过中外课程融合模式的建构、改革和实施给予落实，进而培养新时代学生应具备的核心素养能力。

国内有关专家曾指出，所谓“学生发展核心素养”，是指学生应具备的，能够适应终身发展和社会发展需要的必备品格和关键能力，是关于学生知识、技能、情感、态度、价值观等多方面要求的综合表现，是每一名学生获得成功生活、适应个人终身发展和社会发展都需要的、不可或缺的共同素养，其发展是一个持续终身的过程，可教可学，最初在家庭和学校中培养，随后在一生中不断完善。

2012 年 3 月，教育经济与合作组织（OECD）发布了一份题为《为 21 世纪培育教师提高学校领导力：来自世界的经验》的研究报告，主要包括十大核心技能：创造与创新、批判性思维、问题解决、决策和学会学习、沟通交流、团队合作、信息素养、信息技术、本土与全球公民能力、变化的生活与职业、个人责任与社会责任。2013 年，联合国教科文组织发布《向普及学习迈进 每个孩子应该学什么》报告，指出基础教育质量提升的七大领域：身体健康、社会情绪、文化与艺术、文字与沟通、学习方法与认知、数字与数学、科学与技术（滕珺，2016）。中国学生发展核心素养以培养“全面发展的人”为核心，分为文化基础、自主发展、社会参与三个方面，综合表现为人文底蕴、科学精神、学会学习、健康生活、责任担当、实践创新六大素养。“核心素养”在不同国家的表述不同，比如教育经济与合作组织将其称为“关键素养”，美国 21 世纪技能合作组织将其称之为“21 世纪技能”，澳大利亚称其为“综合能力”。不管是何种表述，核心素养已经成为世界各国培养新时代人才的发展目标，这一目标不仅为天外中外课程融合模式提供基本的理念思想，也为天外学校办学、课程改革与实施、人才培养和师资队伍建设等方面指明方向。

二、核心素养在课程理念中的应用

核心素养在教育领域得以落实，离不开课程标准的配合（余发碧等，2016）。美国 21 世纪核心素养联盟（Partnership for 21st Century Skills）发布《课程与教学：21 世纪核心素养落实指南》（以下简称《指南》），分为对课程的建议和对教学的建议两部分。《指南》中关于课程的建议主要有：①开发有关 21 世纪核心素养的课程，该课程不仅有利于师生深入理解核心素养的含义，而且有利于学生在广泛的实践中获得核心素养；②通过课程阐明在标准中包含的重要理念和核心素养；③围绕大的理念和重要问题建立广泛的共识，确保教育系统的各层人士（包括教育管理人员、校长和教师等）能对核心素养的理解达成一致；④在课程中嵌入表现性评价的内容；⑤持续不断地开发与 21 世纪核心素养相关的课程；⑥教育工作者应该与相关人员（包括持股人、内容开发者、课程提供者）建立有意义的伙伴关系。这些内容构成了天外培养“和雅君子 世界公民”的重要内容。

例如，天外很早就开设创新思维课程，以“培养丰富的想象力、敏锐的观察力、很强的动手能力”为课程目标；以中央电视台热播的《奇思妙想》和《我爱发明》两档栏目为参考形式，还有以头脑创新思维竞赛（DI）和 OM 奥林匹克头脑风暴为教学内容；由物理、化学、生物、地理老师给孩子们讲授创新思维课；并由师生共同建立评价体系，用灵活多变的教学方法和手段，鼓励学生积极主动地思考问题、提出问题、解决问题，在体验、感知、思考、实践中加深对知识的理解和认识，并动手改进。

天外还开设演讲与口才课程，由语文和英语老师共同授课，不讲授理论知识，每次上课以优秀案例开始，再让学生写一段自身经历，每一个孩子都要站上讲台演讲，通过模仿—写作—演讲，用文字和语言表达自己的真情实感。

中国学生发展核心素养的内容主要分为文化基础、自主发展和社会参与三个方面。其中，文化基础包括人文底蕴和科学精神：人文底蕴强调学生在学习、理解、运用人文领域知识和技能等方面所形成的基本能力、情感态度和价值取向，具体包括人文积淀、人文情怀和审美情趣等基本要点。科学精神强调学生在学习、理解、运用科学知识和技能等方面所形成的价值标准、思维方式和行为表现，具体包括理性思维、批判质疑、勇于探究等基本要点。自主发展包括学会学习和健康生活：学会学习强调学生在学习意识形成、学习方式方法选择、学习进程评估调控等方面的综合表现，具体包括乐学善学、勤于反思、信息意识等基本要点；健康生活强调学生在认识自我、发展身心、规划人生等方面的综合表现，具体包括珍爱生命、健全人格、自我管理等基本要点。社会参与包括责任担当和实践创新：责任担当强调学生在处理与社会、国家、国际等关系方面所形成的情感态度、价值取向和行为方式，具体包括社会责任、国家认同、国际理解等基本要点；实践创新强调学生在日常活动、问题解决、适应挑战等方面所形成的实践能力、创新意识和行为表现，具体包括劳动意识、问题解决、技术应用等基本要点。学生发展核心素养是落实立德树人根本任务的一项重要举措，也是适应世界教育改革发展趋势、提升我国教育国际竞争力的迫切需要。

天外构建的中外课程融合模式，依托外语优势，通过和雅特色课程的学习，培养理解、包容中西文化差异，具有独立人格、创新意识、良好沟通能力、较强的国际竞争力、高度社会责任感的“和雅”君子，着力培养品行和雅、具有跨文化交际能力和创新能力的未来人才，培养外语突出、阳光自信、彰显和雅气质的外语或外交类大学的预备英才。这种融合理念体现了中国学生发展核心素养的基本要求，也反映出了天外课程理念在培养新时代创新人才中的课程改革与实践的应用。

第三节 和雅特色课程融合的目标

天外和雅特色课程融合的目标是学校办学理念的具体表现内容。为了探索和雅特色课程融合模式，学校把育人理念融入办学理念之中，提出了“和雅君子 世界公民”的核心价值观，确立了学校特色为和雅教育，并以和雅特色课程作为落脚点，开展教育教学工作。“和雅教育”以“每个学生都能和雅成长”为其教育信仰。强调教育应遵循人的身心发展规律，遵循教育的一般规律，满足人和社会的发展需要，通过引导、唤醒的方法，注重学生内驱力的激发，强调人的自主性、主动性、实践体验性和创造性，实现人的全面而有个性的发展。克服了当前教育重知识分析，轻能力体验和实践创新的弊端，实现了教育促进学生内外兼修，自主合作，实践创新，成为顺应时代、面向未来的理想教育模式。

和雅教育整合中西文化经典、开展多元文化教育，从而达到培养外语突出、文理并重、中西兼容、个性鲜明、具有和雅品质的世界公民的目的。这一教育理念始终贯穿在和雅特色课程中，比如既让学生系统地接受《论语》《道德经》《高山流水》《春江花月夜》等传统文化艺术经典的熏陶，也给学生提供《莎士比亚》《命运》《蓝色多瑙河》等外国文化的精神食粮。中外经典文化的研读为和雅特色课程的开设积淀了文化底蕴。

在各国、各地区之间联系日益紧密的今天，人类已经进入了“全球化”时代，世界已经变成了“地球村”，人人均受到外部世界的影响，培养适应这一时代发展需要的公民素养，具有重要的战略价值。当今的教育应注意培养学生尊重不同的文化，设身处地地感受世界文化，反思世界对个人的影响，思索个人与世界的关系，了解全球的相互依存关系，认识全球发展与本土以及个体发展关系，了解持续先进与落后的成因，并且认识可持续发展的重要性，这就是和雅特色课程理念中“和而不同”所倡导学生应具备的情感与价值观。

基于以上的认识，学校致力于培育学生具有雅言、雅行、雅思、雅量、雅情、雅趣。尽管学生的和雅水平不同，但各有千秋，是“雅而有致”的表征。

和雅特色课程是学校围绕办学理念和育人目标对国家和地方课程的补充和拓展，是创建学校“和雅”文化的重要载体，是促进学生在全面发展的基础上个性成长、激发潜能的多元、开放、立体的课程体系。依据学校的办学理念和价值追求，确定和雅特色课程培养目标为：依托外语优势，通过和雅特色课程的学习，培养对中西文化理解、包容，具有独立人格、创新意识、良好沟通能力、较强的国际竞争力、高度社会责任感的“和雅”君子。在此基础上，对和雅特色课程进行梳理和融合，从而形成特色课程融合目标及其特色课程体系。

因此，和雅特色课程融合的目标是使天外的学生在德智体美全面发展的基础上，具有独特的素养和特质，体现的课程性质是在高质量开设国家课程的前提下，学校为培养拔尖创新人才而构建起来的完全中学特色课程体系。以创新课程为主体，以国际理解课程和职业规划课程为两翼。在学分组成上，包括由学校开设的部分选修课程和国家课程方案中的研究性学习。在此基础上，形成和雅特色课程目标体系（表3-1）。

表 3－1 和雅特色课程目标体系

课程模块	模块课程目标	具体表现
笃志和雅	增强和雅意识 坚定和雅志向	学生有强烈的多层次的求知欲；内外兼修，有明显的外语兴趣特长；对和雅品质如独立、感恩、诚信、友善、忠诚、勇敢、礼仪、绅士和责任感等有一定理解，坚定“和雅”志向
践行和雅	培养和雅能力 践行和雅行为	学生既具有民族自豪感又具有国际理解力；具有良好形象和有效沟通能力，和谐处理人际关系，具有创新思维品质和创新能力；心态健康、阳光，在各种活动和场合中行为举止大方得体
彰显和雅	初具和雅品质 彰显和雅个性	学生有鲜明个性品质和和雅气质；积极进取，自信阳光，勇于实践，追求卓越，具有较强思想力、领导力和创造力，初步形成敦厚的品格力，彰显“和雅君子　世界公民”风范

在和雅特色课程中，和雅课堂的理念和标准是：秉持“先学后教，以学定教”理念，形成“自学、交流、展示、点拨、巩固、反思”教学模式，课堂“民主、和谐、活力”，呈现“聆听无声，讨论小声，回答大声，质疑有声”的特征。所以，要想放手必须把手拉得更紧，要想把课堂还给学生必须要让学生真正成为学习的主体，让学生参与教学目标的设计与制定，学生根据自身实际自由选择学习内容、学习进程、学习方法，构建“自主、合作、互动、和谐”的课堂氛围，挖掘学生的潜能和创造力，并赋予学生自主学习、自主探究、自主创造、自主发展的机会。

第四章　中外课程融合模式之课程内容融合

课程是学校蓬勃发展的泉眼，是学生学习的跑道，也是教师教学的依据，更是在跑道上奔跑的和雅姿态。为了实现“和雅君子　世界公民”的办学理念，天外以“和而不同，雅而有致”为课程理念，挖掘各种有利的优势资源，构筑起了与“和雅教育”匹配一致的课程体系，展现出超越常规的课程视野和突破边界的课程领导。

第一节　和雅特色课程内容融合

一所学校的课程建设，包括国家课程、地方课程和校本课程的建设，使国家课程和地方课程具有校本化实施的特点，使校本课程具有特色化开发的特点。天外以超越常规的课程视野，根据学校的发展进程，以国家必修课程为主线，进行学科内、学科间的系统整合，融贯初中和高中两个阶段，进行“和雅化”的学校整体课程建设，使天外课程既崇和尚雅，又描色绘彩，进而为学子提供一切可能的课程。

一、和雅特色课程系列与模块

在和雅特色课程模式的实践过程中，学校根据广东本土特点、学生特点以及和雅君子、世界公民的思想，以“和而不同，雅而有致”课程理念为指导，按照初高中两个学段，体统构建和雅特色课程体系。课程分“笃志和雅、践行和雅、彰显和雅”三个模块内容，从意识、能力、品质三个方面，充分尊重学生的年龄特点、个性差异和选择，努力打造“个性化、有层次、高融合”的课程结构。如高一阶段“笃志和雅”系列的五个模块内容，共开课 21 门，涉及全体学生（表 4 -1）。这些课程，都是立足本土发展的需要，旨在培养学生成为国际视野的世界公民，同时促进学校国际课程本土化和本土课程国际化。

此外，和雅特色课程融合还包括和雅品行、跨文化交流、创新实践等系列课程内容。这些课程的设置与实施都是围绕和雅教育理念和发展目标展开，有效融合各种中外教育资源，提升课程实施的质量，促进学生和雅养成。目前，天外开设的课程情况，如表 4 -2 所示。

表 4－1 和雅特色课程表

课程系列	课程模块	依托资源	课程内容
笃志和雅	职业规划类	高校专家	高一职业规划讲座
		社会人士	企业家活动课
		高校专家	科研课题——华师学生学业能力课题
		高校课题	清华优才计划
		校内教师	名校知多少
	国际理解类	社会机构	世界公民课程
		校内教师	USAD 美国十项全能比赛
		社会机构	外教口语和小语种课程
		社会机构	英语戏剧课程
		校内教师	模拟联合国
		外校专家	英语演讲比赛
	科技创新类	政府部门	广东优才计划之广州科技之星夏令营
		校内教师	创新思维课程
		政府部门	中大光学讲座
		高校专家、奥赛教练、校内教师	信息学竞赛辅导
			物理奥赛课程
			生物寒假奥赛培训课程
		高校专家	物理实验探究课程
	习惯养成类	校内教师	文明与礼仪
		校内教师	和雅养成教育
	学生培养出口类	高校，校内教师	国外大学先修课程

“和者，立人、立校之基；雅者，治学、治教之魂。”创建“和雅教育”特色并非一些教育元素的简单叠加，也不是单一项目或项目的特色，而是一种追求卓越的“个性化办学模式”的创建过程，是一种积淀、生成的过程。

表4-2 和雅特色课程开课一览表

系列	类别	课程名称	依托资源
和雅品行	普修	和雅养成教育	自编校本教材《和雅养成教育》
	普修	中学生生涯规划	自编校本教材《中学生生涯规划》
	普修	时事热点	《新闻联播》素材，学生干部
	普修	经典教育 （《论语》《诗经》《史记》选读）	校本教材《经典教育》 网络资源（百家讲坛等）
	普修	硬笔书法	网络书法课程——字帖临摹
	普修	诗歌创作	相关教材、网络资源、学校阅览室相关刊物
	普修	唐诗研究	学科模块选修、网络资源《唐之韵》等
	普修	宋词研究	学科模块选修、网络资源《宋之韵》等
	普修	智性语文	研究性学习，国内各地教材
	专修	文学写作	北京大学先修课程（AC）资源
跨文化交流	普修	天外之音	自编校本教材《天外之音》、美国 *Discovery* 纪录片
	普修	外教口语	新东方教师
	专修	第二外语（德语、法语、西班牙语）	新东方教师
	专修	英语音乐剧	校内教师、英国伦敦西区剧院专业演员
	专修	英语原版教材 *UNLOCK* 选修课	校内教师、剑桥大学出版社教学顾问
	专修	广东省中小学英语演讲比赛培训	广东省中小学英语演讲比赛资深评委
	专修	Green Power（国际环保）	广东外语外贸大学研究生
	专修	企业家精神	广东外语外贸大学研究生
	专修	美国大学先修课程（AP）	外聘美籍教师
	专修	雅思写作	校内教师
	专修	USAD 美国学术十项全能	校内教师、中山大学教授、印度驻华使馆工作人员
	专修	走进领事馆	美国领事馆工作人员、校内教师
	普修	世界公民课程	世界名校教授、校内教师

续表 4－2

系列	类别	课程名称	依托资源
创新实践	普修	演讲与辩论	相关教材、网络资源《我是演说家》等
	普修	撰写时事评论	相关教材、网络资源、学校阅览室相关刊物
	普修	说数学	本校教师
	普修	力学知多少	本校教师
	普修	和雅大讲坛	高校专家、教授，中科院院士
	专修	微积分预备	清华大学先修课程（CAP）资源、本校老师、学生家长
	专修	高中生物奥赛辅导	校内教师
	专修	食品添加剂的研究	校内教师
	专修	“溶解与结晶”奥妙探究	校内教师
	专修	科技之星训练	中山大学、华南理工大学等高校教授
	专修	广东省头脑奥林匹克	广东省头脑奥林匹克协会会长
	专修	清华优才计划	清华大学教授、校内教师

在创办时期，广州市，特别是天河区的优质教育资源已比较丰富，格局也基本形成。天外依据当代广州人的时代精神特征和价值导向、天河区域的民俗积淀和文化传承、本地域的社会需求和学生特点，反复研讨论证，对学校办学理念、定位、思路进行了系统的、科学的顶层设计，确立了“和雅君子　世界公民”的办学理念，提出了在高点上起步，以质量求生存，以小班教学、国际接轨等特色求发展的办学指导思想，明确了借鉴蔡元培办北大的经验，充分汲取全国优秀外国语学校的办学经验，坚持先进办学理念，实行三个结合（中西教育思想结合、中外教师结合、中西课程教材体系结合），掌握三种语言（中文、英语、第二外语），体现三种特色（和雅教育特色、外语特色、小班特色），培养五种能力（生存能力、学习能力、合作能力、处理信息能力、创新能力）的办学思路。这一办学理念体现了对中西方文化的契合，对多元文化的理解、包容，对个性的尊重与认同。

和雅特色课程从培养学生的和雅意识开始，让学生理解和雅，认同和雅，体现了东西方文化的迥异与融合。文化背景的交融让学生对世界文化有了深层的理解与认同，同时也以新的视角审视本土文化，树立和雅文化意识。

和雅特色课程基于夯实的学科基础，引导学生的创新思维与批判性思维能力，探究科学的方法，全面培养和提升学生理解、包容、独立、创新、沟通、合作的和雅能力。同时课程衍生出多个赋予教育意义的个性鲜明的主题教育活动，带动学生转变学习和生活方式，规范学生的和雅行为。和雅特色课程不仅从行为举止、言谈表露，而且从思想品格、辩证思维等方面全方位提升学生的和雅气质，最终使学生彰显出绅士风范和淑女气质。

二、和雅特色课程的阶段性内容

教育来自耳濡目染，是一种氛围的传承。和雅，是天外独特的文化氛围。在和雅特色课程之中，在不同阶段的和雅学习之中，学生汲取古今中外长年累月流传下来的智慧，开展各式各样丰富精彩的活动，每天都在进步、探索，逐渐成长为学校所希冀的和雅君子，成长为具有国际视野的世界公民。

（一）初中阶段和雅阶段和雅特色课程内容

天外自创办之日起，就对办学进行设计，采取每年递增一个年级的办法，稳步发展。在开办第一年，天外就进行了初中三年课程的整体设计，并经过三年的发展，逐步成熟，培育了众多和雅学子。

1. 初中和雅特色课程概论

依据初中生的身心发展情况与培养目标，天外在开齐开足国家课程的基础上，深化校本教材的开发和研究，也形成了具有和雅特色的初中课程体系：国际理解教育课程、和雅君子课程、创新思维课程、经典文化课程。天外初中和雅课程结构图如图 4－1 所示。

在课时的安排上，天外的初中课程按照《义务教育课程设置实验方案》，根据德智体美等全面发展的要求，均衡设置课程，各门课程比例适当，开齐开足课时。

2. 多样化的初中阶段和雅特色课程

和雅特色课程的内容，从基础知识、基本技能与基本态度出发，涉面广泛，从中华文化到西方经典，从理论到实践操作，从创新思维到时事政治，既贴近学生的生活经验，也贴近社会生活，为学生的终身学习与持续发展奠定了基础。从演讲与口才课程、创新思维课程、经典文化课程、养成教育课程的实施中，可以看到天外初中特色课程的别样景致。

（1）演讲与口才课程。

对于演讲与口才课程，天外并不讲授理论知识，而是参照优秀案例，让学生进行仿写，并要求每一个孩子都要站上讲台演讲。通过模仿—写作—演讲三部

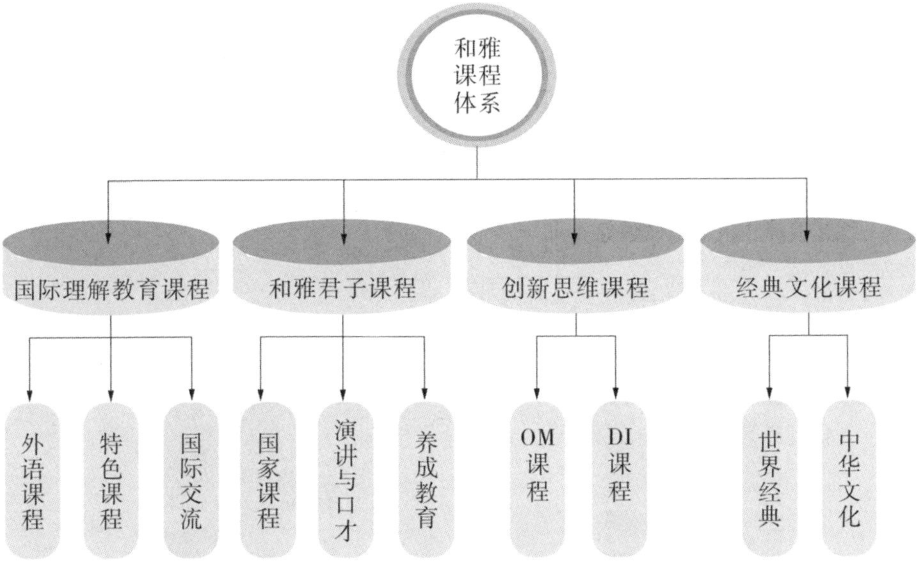

图4－1　天外初中和雅课程结构图

曲，让孩子们用文字和语言表达自己的真情实感。学习了该课程之后，孩子们的视野变得更开阔，在公众场合演讲丝毫不怯场，用语言的力量征服了听众。图4－2所示就是在演讲与口才课堂情景。

图4－2　演讲与口才课堂情景

（2）创新思维课程。

天外的创新思维课程以“培养丰富的想象力、敏锐的观察力、很强的动手能力”为课程目标，包含 DI 课程与 OM 课程，课程内容取材于中央电视台热播节目“奇思妙想”“我爱发明”以及 DI 创新思维和 OM 奥林匹克头脑风暴等资源，由本校执教物理、化学、生物、地理等课程的老师给孩子们上课，用灵活多变的教学方法和手段，鼓励学生积极主动地思考问题、提出问题、解决问题，在体验、感知、思考、实践中，加深对知识的理解和认识，并动手加以改进。图 4－3 所示为创新思维课堂情景。

图 4－3　创新思维课堂情景

对于创新思维课程的开设，天外的学生受益颇多，刁冠东同学写下了自己的感悟：

在学业不是特别紧张的初一，学校为我们开设了创新思维课与演讲课，创新思维课是我们的一大特色。在这节课上，大家可以充分锻炼自己的思维，跳出生活的限制，奇思妙想，假若我们的生活就像一个点，它给了我们一种思维定势，那么，这节课就是教我们怎么去绕过这个点去思考。

当然，除了让所有同学享受科技创新和思维锻炼的同时，学校也组织我们参加了许许多多的比赛。DI 创新思维大赛，是全球范围内最大的思维创新比赛，最早发源于美国，通过一些有挑战性的题目，锻炼我们的思维。我就是通过参加 DI 创新思维大赛这项赛事得到了提高，最后获得全国一等奖的殊荣。当然，我们团队的好成绩离不开学校的重视与老师们的精心指导。

（3）经典文化课程。

中西文化结合，学养深厚，不是天外人挂在嘴边的口号，而是天外开发世界经典课程和中华文化课程的追求，更是实施这些经典文化课程的样态。

图 4－4 所示为经典文化课堂的情景。

图 4－4　经典文化课堂情景

文化能致远，是现代人的共识。那么，怎样才能让孩子对文化的学习不是停留在肤浅的层面呢？天外人思来想去，最终还是觉得，让孩子去演绎文化会更有效力。于是，关于文化经典的戏剧表演（图 4－5）的感悟，就在谭小雨的笔下生辉：

穿越时空不负卿

——记高一戏剧周汇演

2017 年 4 月 27 日傍晚，夜幕初降，高一年级的学生们已是准备妥当，一时间阶梯室的门口精彩纷呈，既有纱裙翩跹，又有旗袍明艳；既有珠玉琳琅，又有长衫俊朗。随着时间一点一点地流逝，期盼已久的高一年级戏剧周大汇演“和雅你我，粉墨春秋”，终于拉开了帷幕。

阶梯室的戏台上，同学们大展风采。由于本次剧本是同学们自行选择，所以每个班的戏剧都有不同的风格。前一秒观众还沉浸在《仲夏夜之梦》的迷离梦幻之中，后一秒就已经被《聊斋志异》的俏皮女妖吸引了目光；前一秒还在为侯朝宗与李香君的悲情故事暗自神伤，后一秒就因反串的白雪公主而捧腹大笑。

小小一方舞台上，铭刻了祥林嫂的心酸，泼洒了喜儿的热泪，宣泄了雷雨的激撼，倾吐了茶花女的爱意，亦了断了赵氏孤儿的仇怨，成全了白流苏的姻缘……一出出精彩纷呈的戏剧，向观众展现了古今中外的悲欢离合，用矛盾与冲突营造出震撼人心之美。

学校领导亦对本次活动寄予了极大的关注，马丽娟书记、霍志刚副校长、刘娟主任都应邀出席了这场活动。除此之外，各班家长也对本次展演表现出了极大的热情，阶梯室的前后都坐满了翘首以盼的家长，积极的家长们纷纷举起手机，为同学们记录下每一个耀眼而又难忘的瞬间。

展演一直持续到晚上十点才落下帷幕，从老师、家长、同学们的笑容与慨叹中，不难看出本次活动的意义非凡——从选择、编写剧本，到认真细致的排练，再到最终的展演，这一过程不仅为同学们提供了展示自我的机会，更加深了大家对经典戏剧的理解，着实令人难以忘怀。

图4－5　学生在舞台上进行戏剧表演

（4）养成教育课程。

播种行为，可以收获习惯；播种习惯，可以收获性格。和雅君子的养成教育，从学生进入校园的第一天起，从他们所做的每一件小事，每一句话中，就已经得到关注。

①行为规范教育。教育无小事，学生良好习惯的养成尤其如此。天外从礼仪、学习、生活和节俭四方面，对学生提出了一系列的小要求，从正面规范学生的行为习惯。为了让学生有章可循，在《中小学生守则》的基础上，天外制定了《和雅班级养成教育评价细则》《和雅宿舍评价细则》，还编制了一首《和雅规范歌》。在实施途径上，主要采取以下两种方式。

第一，班主任结合主题班会课，充分利用“和雅”养成教育课程，发挥班级自主管理功能和学生自我教育功能，加强学生常规管理的力度。

第二，充分利用班队、思品、晨会等课程，加强学生文明礼貌、安全卫生等常规教育宣传，引导学生做到“三别”“四带”“五无”。“三别”即向粗鲁告别，向陋习告别，向坏事告别；“四带”即把礼仪带进校园，把微笑带给同学，把孝敬带给长辈，把谦让带向社会；“五无”即地面无痰迹，室内无纸屑，桌凳无刻画，墙壁无脚印，出言无脏话。

养成良好的行为习惯是日积月累、反复训练、循序渐进的过程。根据行为习惯的养成特点和学生的身心发展特点，天外还把行为规范逐条分解，在每一个学期中分周落实养成训练。具体内容如下：

第1~2周：严格守纪，按时作息；

第3~4周：讲究卫生，保护环境；

第5~6周：专心听课，大胆发言；

第7~8周：活动讲文明，认真做“两操”；

第9~10周：学会交往，举止大方；

第11~12周：热爱劳动，认真做值日；

第13~14周：注意安全，遵守交通规则；

第15~16周：不挑吃穿，勤俭节约；

第17~18周：诚实守信，知错就改；

第19~20周：认真复习，诚信考试。

为了便于学生在日常琐碎的生活中，不断提醒自己，随时进行自我纠正，天外编写了一首朗朗上口的《和雅规范歌》，其具体内容如下：

说话雅

见了师生，主动问好。与人交谈，亲切微笑。
举止大方，注重仪表。有问必答，虚心求教。

走路雅

昂首挺胸，稳健前进。上下楼梯，自觉右行。
若遇熟人，礼让后行。横过马路，规则记心。

集合雅

集合指令，雷厉风行。有序进场，保持队形。
到位迅速，整齐安静。动作规范，修身养性。

课堂雅

学具备齐，提前预习。认真思考，勇于质疑。
合作探究，寻根究底。巩固练习，书写规矩。

课间雅

走出教室，扶栏远眺。放松身心，消除疲劳。
切勿追赶，不宜喧闹。高雅游戏，陶冶情操。

就餐雅

一粥一饭，来之不易。人民血汗，倍加爱惜。

按时就餐，排队有序。讲究卫生，各取所需。

居室雅

鞋袜衣被，勤换勤洗。物品文具，摆放有序。

不乱扔吐，革除陋习。卫生保洁，从我做起。

爱校雅

门窗桌椅，爱惜有加。花草树木，杜绝践踏。

墙壁走廊，不得涂划。护校保产，胜爱我家。

着装雅

学生着装，整洁舒爽。不求奢华，注意形象。

适当装饰，避免怪样。入乡随俗，朴素大方。

②反思教育。在天外的校本教材《和雅养成》中，有这样一段话："校本课程内容的设计，是我校德育实践经验的总结，也是我校师生智慧的结晶。不仅学生每周班会课必读这套教材，同时班级还要检查学生的阅读笔记和自我反思。"反思教育，是和雅养成教育的核心。

《论语》一书中，司马牛向孔子请教什么是君子。孔子回答："君子不忧不惧。"司马牛又问："不忧不惧，斯谓之君子矣乎?"孔子回答："内省不疚，夫何忧何惧?"

反思可以使人进步，是中国古代儒家思想时常透露出来的信息，所以也就有了曾子的"吾日三省吾身。"在独处之时，能够坦然面对自己，坦然面对自己每一天的言行举措，这样的人，便可以称之为君子。

以下是部分学生的反思：

今天写作业的效率还不错。我发现，当一个人完全静下来的时候，效率会增加一倍，一个人的写字速度与她的投入度密切相关。完全投入的时候，每一个想写的单词会从脑中冒出来!

——刘懿 2013 年 11 月 20 日

一到周末，时间就会利用得不好，总把一切事情都堆到周日晚上解决，导致没时间复习。写了清单好像也没什么用，执行力不强，还是想干嘛就干嘛，这样很不好。

但是我又发现，自己给自己订的那些杂七杂八的小计划却完成得很好，这让我很满意。现在，我只要一有时间就开始执行小计划，希望我的执行力也赶紧跟上来就好啦。

——罗皓然 2013 年 11 月 24 日

【老师点评：这个反思很好，揭示了兴趣与执行力的关系，还明确了要加强执行力的目标。分解任务，化大为小，化整为零是很有效的策略。】

朱老师说我在数学方面已经有了自己的原则，可偏偏这个原则是不完整的、不可持续的，也许我过去对老师的意思有点误解。现在我明白了，奥数竞赛可以继续，但是要练思维，我的问题不在于不踏实、粗心，也不在于没有做数学作业，而在于思维的训练。我发现，中国的孩子为了取得好成绩，只是一味地做题，但我们肖老师提出来的是一种超前的思维。

王星月妈妈说过，近代中国能出许多 imo（国际数学奥林匹克竞赛）获奖者，但出不了诺贝尔奖。所有数学家都泯灭了，因为在大学，做题不再是主要的，而作为一种研究的思维却越发重要了。

因此，我决定以长远为目标，毕竟我最终的目标是数学家，学校的王鸿老师和其他老师一致认为，肖老师的数学思维很好，虽然他讲的内容很简单，但他的每一句话，都饱含了思维和逻辑。

从此以后，我决定把竞赛当成锻炼思维的一种方法，多写论文，多进行研究性学习，如果我可以证明课本的东西，提出问题，达到一种别人在大学才开始的境界，就太好了！

——张淼森 2013 年 11 月 24 日

千里之行，始于足下。在平时一点一滴的反思之中，学生们一天天成长，一天天发生微妙的改变。虽然有些积累了很久的不良习惯并不会一次就纠正，但是当天外的孩子开始意识到问题之时，就已经成功了一半。和雅教育注重的是孩子成长的过程，尤其是内心活动的变化，给孩子的内心装上一台永不枯竭的发动机，他们就能在人生之路上走得更稳，走得更远。

（二）高中阶段和雅特色课程内容

开办三年后，天外迎来了第一批高中生，随之也有了高中三年课程的整体设计，如今已渐趋成熟，培育着和雅学子。

1. 高中阶段和雅特色课程的整体布局

被誉为“现代课程理论之父”的美国课程专家泰勒，把课程编制的主要步骤列为四个问题：第一，学校应该达到哪些教育目标；第二，提供哪些教育经验才能实现这些目标；第三，怎样才能有效地组织这些教育经验；第四，怎样才能确保这些目标正在得到实现。

由此，天外确定的课程总体培养目标是：依托外语优势，通过和雅特色课程的学习，培养学生对中西文化理解与包容，并使其具有独立人格、创新意识、良好沟通能力、较强的国际竞争力、高度社会责任感。其课程样态如图 4 –6 所示。

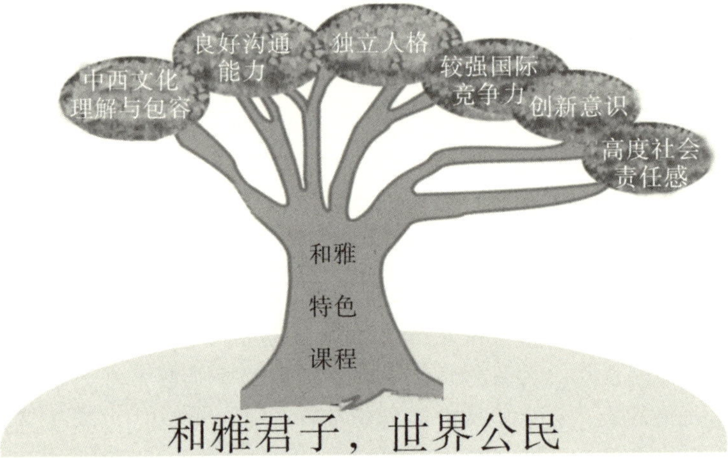

图 4 –6　高中课程总体目标

从课程总体培养目标出发，天外构建了高中阶段的课程体系，呈现个性化、有层次、高融合的课程结构特点。其结构如图 4 –7 所示。

天外按照《普通高中课程方案》的指引，将教育部要求的高中学习科目——体育与健康（11 学分）、研究性学习（15 学分）、社会实践（6 学分）、社区服务（2 学分）、选修二（6 学分）共计 40 学分整合起来，统筹安排在高中三年的教学计划中。有些科目安排在日常教学周中，有些科目安排在寒暑假。此外，天外还利用校本课程、研究性学习、社会实践、社团活动和选修二课程等时间保证特色课程的实施。其具体的课程设置如表 4 –3 所示。

2. 多样化的高中阶段和雅特色课程

（1）和雅大讲坛。

聆听百家之言而致知。为了开阔学生的视野，天外经常邀请专家学者以及学生家长来校开展讲座，“和雅大讲坛”就这样应运而生。

①家长讲堂。开放办学，构筑学校、家长和孩子三方互动的平台，完善学校、家庭、社会三位一体的教育体系，丰富学校的课程资源，创新教育形式，形成教育合力，促进学生全面发展。学校从创办之初，就注重整合家长资源，邀请有特长的家长开设讲堂。每个班级都会不定期邀请一位家长主讲一个专题。他们结合自身职业特点，为学生进行相关专业知识培训；结合兴趣爱好，向学生介绍

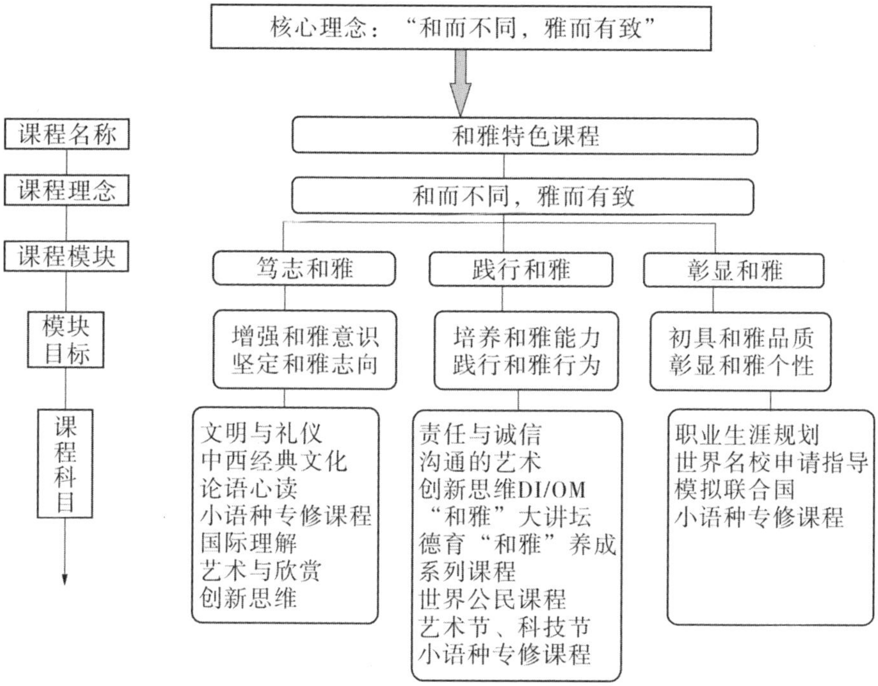

图4－7　高中和雅特色课程体系

相关方面知识；结合日常生活中对孩子动手实践能力的培养，引导全体同学共同参与感知，提高动手能力。"家长讲堂"的主题讲座涉及多个角度，不仅有普及健康卫生知识、进行安全教育的内容，也有讲述环保理念、解读城市文化的课堂，还有的家长从自身出发，对孩子的养成教育、英语学习发表看法。如王斯嘉同学的家长带来《建立良好的人际关系》，何限同学的家长带来 *Brand-name Decision*，李昌文同学的家长带来《人与合作》，李祯同学的家长带来《探索生命的奥妙——基因密码与克隆》，许佳蕾同学的家长带来的《水》等一系列主题明确、形式多样的讲座。内容丰富、形式多样的大讲堂，让孩子们在遨游知识海洋之时，也对父母有了更为全面的认识，有效促进了孩子们与父母之间的沟通和交流。

此外还有家长参与学校管理，包括食堂的管理、校服的招标采购等。旨在弥补学校教育教学资源的不足，通过多种方式使孩子开阔视野、增长见识，更好地为学生成长提供优质高效的教育资源。

②名人讲坛。名人讲坛是学校开放办学，整合资源，丰富课程的又一举措。学校每年都会邀请院士、知名学者、大学教授、各行各业的领军人物或外籍人士来校开设讲座，致力于让学生"走近成功者，聆听智慧之声"，为学生们的多元

发展、个性发展提供平台。学校近几年举行的和雅大讲坛活动如表 4 －4 所示。

表 4 －3　高中和雅特色课程设置

年段	课程目标	课程方向			
		普修课程	年课时	专修课程	年课时
高一	增强和雅意识 坚定和雅志向	和雅养成教育（一）	80	人文与科学类（文学写作、创新思维、微积分预备等）	80
		中学生生涯规划（一）			
		和雅大讲坛		跨文化交际类（第二外语、*UNLOCK*、英语音乐剧等）	
		经典教育			
		天外之音		学科拓展类（USAD 美国学术十项全能等）	
		硬笔书法			
		外教口语		模块选修	
		时事热点		研究性学习	
		世界公民			
高二	培养和雅能力 践行和雅行为	和雅养成教育（二）	80	人文与科学类（微观经济学、人文地理、名著“悦”读、创新思维等）	160
		中学生生涯规划（二）			
		和雅大讲坛		跨文化交际类（第二外语、领袖气质）	
		中西文化			
		天外之音		学科拓展类（理化生信息技术奥林匹克竞赛、新概念作文比赛等）	
		外教口语			
		硬笔书法		模块选修	
		时事热点		研究性学习	
		文明与礼仪		国际姊妹学校交流	
		有效的沟通			
高三	初具和雅品质 彰显和雅个性	和雅养成教育（三）	40	心理健康类（自我调适与自主激励，高中人际交往等）	60
		中学生生涯规划（三）		升学指导类（世界名校申请、国内名校知多少）	
		艺术与欣赏			
		和雅大讲坛		社区公益服务	

表 4－4　天外和雅大讲坛活动一览表

专家及主办单位介绍	讲座内容	时间	参与对象
陈琦（华南师范大学博士生导师、人工智能研究领域专家）	人工智能漫谈	2016 年 3 月 23 日	高一全体学生、初中对课题感兴趣学生
张景中（中国科学院院士）	思维与创新漫谈	2016 年 3 月 8 日	高一全体学生、初中数学较优秀学生
廖文（华南师范大学教授）	新时期中国青年的历史使命	2015 年 11 月 30 日	高一全体学生
姚博士（暨南大学物理学院）	全国奥林匹克信息技术竞赛	2015 年 11 月 3 日	高一全体学生
周会长（广东省头脑奥林匹克协会）	首届广东省头脑奥林匹克竞赛筹备活动	2015 年 12 月 18 日	学校行政、参加竞赛的学生
Mr. Gavin Biggs（剑桥大学出版社教学顾问）	英语视频教学	2015 年 10 月 23 日	高一部分学生，天河区高中英语教研员、教师 87 人，越秀区黄埔区海珠区高中英语骨干教师 24 人
温东瑜（广雅中学老师、广东省中小学英语演讲比赛资深评委）	广东省中小学英语演讲比赛培训“How to Stand out in the English Speaking Competition”	2015 年 10 月 28 日	参加英语演讲比赛的初高中学生，总计 201 人
赵福利教授（广州市资深科技创新大赛专家评委、中山大学物理学院博士生导师）	以广州塔为例给初高中的学生介绍“LED 布光工程”	2015 年 11 月 7 日	高中全体学生、初中物理兴趣爱好者

续表 4－4

专家及主办单位介绍	讲座内容	时间	参与对象
纪立校长（雅思考试专家，长期研究雅思和托福考试）	雅思、托福如何助力我们走向世界	2015 年 12 月 4 日	初高中英语学习爱好者
李田（中山大学附属第三医院）	青春期生理卫生（女生篇）	2016 年 1 月 18 日	初一、初二女生
龙军标教授（广州市黄埔区疾病预防控制中心副主任）	“学校传染病的预防与控制”双语讲座	2014 年 2 月 21 日	全体师生
天河区文化广电新闻出版局主办，天河文化馆承办	罗宾汉（Robin hood）英语戏剧	2015 年 9 月 25 日	全体师生

（2）职业生涯体验课程。

教育，就是给学生提供帮助，帮助他们成为更好的自己。天外为学生打开世界的大门，让他们更多地了解世界，了解各种职业，无疑会有助于他们的长远发展。

2016 年 3 月 30 日下午，广东省中小学校长联合会在天外组织了一场“学生学业和生涯发展指导工作坊”活动。在活动中担任主讲的是来自华南师范大学附属中学学生发展研究室主任李之宁老师，除了理论授课，李老师还带领大家体验了“兴趣岛”和“决策平衡单”这两项工具。天外的老师们感受到了学生学业和生涯发展指导的重要性，也了解了指导学生职业生涯规划的新理念和新方法。

纸上得来终觉浅，学生的学业和职业生涯发展，需要切切实实的行动。

天外带领学生实地深入地了解各种行业，让学生们去探索自己的兴趣爱好。在这一个过程中，天外创造出一套新的课程——生涯体验课程：

2016 年 5 月 21 日，天外学子来到华南最大的影视基地了解电影行业（图4－8 所示为天外学生参观基地时合影）。这次课程活动中，专人为学生讲解电影的制作流程。学生从中了解了电影行业的发展变化：从黑白无声到彩色、到 3D、再到 5D、一直到最新的 9D，也就是如今的 VR 技术。在活动中，学生参观了化妆道具棚、1 号摄影大棚，还有所谓的“制假工厂”。参加活动的学生表示：“这一次的职业生涯体验课程对我们触动很大，也让我们对影视产业有了更深的了解。这是一个有趣而又艰辛的行业，未来影响这一行业的，将是我们这群新生力量。”

图 4－8　天外学生参观珠江影视基地合影

除此之外，天外的职业生涯体验课程还开展了如下活动：

——走进华南师范大学心理学院的脑科学实验室，进行了一场有趣的大脑奇遇记。

——走进广州市公安局便衣支队，进入情报作战室，参观了审讯室，指纹搜索室等，深入了解人民警察工作的艰辛，感受了爱岗敬业的人们为社会默默做出的贡献。

——走进花都区的东风日产花都工厂，开启汽车探索之旅，听讲解员介绍汽车的生产线，获取新鲜知识。

——走进珠江啤酒总局——英博国际啤酒博物馆，了解啤酒的制作过程，感受现代啤酒行业人才需求的转型。

——进入一家服饰工厂参观，参观了服装生产线的生产过程：制样、验布、裁剪、纺织、包装，了解服装厂的经营流程、成衣规模等信息。

——走进广州地铁 5 号线总部鱼珠车辆段，从组装新车线、车厢监控、出厂线试车线、新员工驾驶到地铁的检修厂以及工程车，专业人员一一给同学们做了详细的讲解；同学们还学习了在地铁上遇到突发状况的处理方法。

……

这一系列的职业生涯体验课程，都是在书本上接触不到的内容，这些活动让同学们贴近生活，走进现实社会，发现自己的兴趣所在，从而树立学业和职业发展方向，成就更美好的未来。

总之，天外和雅特色课程是学校从办学开始之后，经过理论分析与验证、实践探索与反思不断总结经验，立足课程实施的系列内容、模块内容及不同年级阶段内容，积极改革与完善课程体系，从而服务于新时代创新人才培养和学校面向未来的永续发展，为我国全面深化教育综合改革及基础教育内涵式质量提升提供样本。

第二节　世界公民课程内容融合

一、世界公民课程的设计依理

现代社会全球化和信息化特征明显，这两个特征未来将更加凸显。信息技术的发展打破了地域和国界的限制，教育国际化成为一种必然的趋势。

从教育本身的功能来说，教育的目标是培养适应未来社会发展的人才，要想参与世界竞争，必须具备国际视野和跨文化交际以及创新能力。我们的办学必须符合教育的规律以及人的成长规律，符合社会发展的需求。因此基础教育国际化既是未雨绸缪，也是大势所趋。

天外办学至今，一直坚守“和雅君子　世界公民”的教育理念。就这个理念而言，具有前瞻性，既立足时代，又融通中外。当今日趋全球化的世界，“和”（和而不同）与“雅”（雅而有致）都是世界公民应具备的基本素养。因此，让理念落地的办学目标是：我们培养的学生不仅具备国际视野、而且是通晓国际规则、能够参与国际事务和国际竞争的国际化人才。为此，学校进行了以下几项大胆创新。

（1）为了实现建校之初设立的办学目标，天外通过课程改革及相关教研项目，明确提出要致力于培养学生良好的品行，做到“内外兼修”。另外，为了培养学生跨文化交际的能力，学校还致力开发国际理解课程。与此同时，还开设了培养学生创新思维的相关课程。以上措施大大推动了学校对国际化概念的理解和国际化办学实践。这些思想与实践设计为天外学校开展世界公民课程的具体内容提供参考依据。

（2）课程是学校教学的核心，是人才培养的重要资源。课程的国际化，要求融通国际理解教育，才能达到真正意义的国际化。2012 年，学校教师利用去英国进修的机会，通过同行校长的帮助，专门到剑桥访问了当地的中学，并通过合作共同设计了一门“世界公民课程”。这种主题式的研学旅行课程在 2017 年学校有150多人参加，他们分别前往英国、美国、澳大利亚等国家和地区开展研学旅行。

（3）除了参与课程教学研究之外，学校还通过集会要求学生代表使用双语进行发言的形式，大大锻炼了学生的双语表达能力。

（4）利用每年的寒暑假，让孩子们到以英语为母语的国家，进行沉浸式的语言和文化学习。世界公民课程分旅行前、旅行中、旅行后三段，每一段都有明确的目标要求和细致安排。旅行前，要求孩子们查阅目的地国家的相关资料，并进行不少于8个学时的培训；旅行中，为期三周左右，其中两周的文化语言学习，一周的文化考察之旅；旅行后，要交作品、心得体会，学校进行表彰总结。在营地的选择上，也有明确的要求，必须选择世界顶尖的大学；在班级规模、人员组成上，要求人数不得超过15人，且至少来自两个国家以上；课程设置和内容选择上，要求符合学生的年龄特征，符合孩子们的英语水平；在陪同人员上，由天外的老师与孩子们一同前往，和孩子们一起走向世界。

二、世界公民课程的内容表现

学校打造了一门契合办学理念的"世界公民课程"，让学生在国外教育基地沉浸式地学习语言和文化。世界公民课程是天外根据学校的办学理念和培养目标而设定的一门课程。根据学生英语水平分班上课，每班12～15名学生，均与来自世界各国的同龄学生一起上课。不仅学生可以避免用汉语交流的习惯，而且他们的思想也得到碰撞，还可以结交国外朋友，有助于培养孩子的国际意识，使其学会从不同的角度看问题。同时，学生将亲身感受外国教师生动、活泼的教学模式，参与课堂活动，可以帮助他们提升英语学习和运用能力，还能增强孩子的创造性和独立性。沉浸式的两周英语学习时间中，每天还安排半天的文化体验活动，让学生充分感受牛津、剑桥等世界顶尖高校深厚的文化底蕴和历史积淀、体验校园生活。课程学习特别注重让学生开口说、学会地道恰当的英语表达方式。在国外的生活，也让学生深入了解其他国家和民族的文化礼仪风俗习惯，加强学生的国际理解能力。

"在此独立人格，从此走向世界"，是天外学子的发展态势。一个不能运用纯正的英语进行交流、不具备国际视野和胸襟的人，当然无法走向世界。天外以外语课程为主体，以世界公民课程为载体，以特色课程和国际交流为两翼，构建了独领风骚的"大外语"课程体系。天外的外语课程有着普通中学不可比拟的优势。从师资、教材、教学时间、授课方式等方面来看，天外学子沐浴着当今世界最前沿的大外语教育。

天外二外课程计划表见表4－5。

表4-5 二外课程计划表（2016.09.01—2018.08.31）

序号	年级	项目	每周课时数	学年周数	学年课时（节）	三学年总课时（节）
1	初一	德语	2	36	72	216
2		法语	3	36	108	324
3		日语	1	36	36	108
4		西班牙语	1	36	36	108
5	初二	德语	2	36	72	216
6		法语	3	36	108	324
7		日语	1	36	36	108
8		西班牙语	1	36	36	108
9	高一	德语	1	36	36	108
10		法语	1	36	36	108
11		日语	1	36	36	108
12		西班牙语	1	36	36	108
13	高二	德语	1	36	36	108
14		法语	1	36	36	108
15		日语	1	36	36	108
16		西班牙语	1	36	36	108

课程内容融合上，学校立足国际课程本土化、本土课程国际化，主要建构了和雅特色课程模式，彰显出学校“和雅君子 世界公民”的教育理念。其中，学生“世界公民课程”的实践感悟，不仅表明本土学生对国际课程的丰富体验，也体现本土学生的“世界公民”素养（表4-6）。

学校也积极探索国际课程本土化。钟秉林（2014）认为推进教育国际化，要以课程改革为切入点，把国际化的教育理念渗透到学校办学的实践中，给全体学生提供多样化选择和国际理解的机会；要增强教师的国际化素养，提高教师指导学生进行课题探究、跨文化交流合作和语言运用等能力；要将外国文化的本土化与本土文化的国际化相结合，这有利于将英国文化融入到学校本土课程中。以英国课程为例，2017 年学校国际课程本土化的内容如表 4－7。

表 4－6　天外世界公民课程——英欧五国行（2013—2016）之学生对于中西文化比较的作品展示

题目	学生	主要内容、亮点	时间
《英国食品，在我舌尖》	崔鹏远	学生细致地比较了中西三餐的不同	2013
《英国食品，在我舌尖》	王羽曦	学生亲身体会英国食品的质量保证，可以放心吃美食，并比较中西食物差异	2013
《不同的语言，特殊的饮食》	潘朴泉	学生总结不同国家会有不同的语言文化和中西的饮食差异	2014
《中西方家庭对比》	彭景然	学生比较中西家庭差异，特别是饮食方面	2014
《德国的麦当劳》	谭　芮	学生对德国与中国的麦当劳进行了细致的对比	2014
《论中国巴士与英国巴士的区别》	朱建衡	学生通过细致观察，论中国巴士与英国巴士的区别	2014
《在剑桥的第一天假期》	杜思聪	学生亲身体验到英式与中式的建筑风格之不同	2014
《英国首都——伦敦》	盛淘沙	游学中感受到了英国建筑的艺术感	2014
《与法国学生一起上课》	林泽柠	学生在 CRC 与外国学生一起学习中体会到了母语（Cambridge Regional College）同，说的英语也不同	2013
《我的一天》	李泽骁	学生介绍到相比国内课程，CRC 课程十分有趣，同时介绍了经过细致观察发现剑桥公交车充气、放气的特点	2013
《期待已久的剑桥学习之旅正式开始》	郑楚萱	学生记录在剑桥学习时，有自己的发挥空间，轻松自由，但是又学到很多	2014
《上课》	李泽林	学生记录了中西文化的交流与差异，特别记录了在钱的使用方面的差异	2014

续表 4-6

题目	学生	主要内容、亮点	时间
《国际课堂欢乐无穷》	罗　吉	学生在国际课堂中体会到学习的快乐无穷，比较国内学习后，感叹以后不能读死书了	2014
《轻松愉快的上学经历》	邱骏铭	学生在游学中的轻松愉快的课堂中学到了很多，并立志以后到英国留学	2014
《内心最大的收获》	谭小雨	学生在游学的课堂上感受到所有的课堂都是轻松的，使得其在交流上越来越主动大方	2014
《难忘的一天》	温　昕	学生表达喜欢在剑桥的课堂，没有复杂的规矩，只有课堂上互相尊重，认真积极学习	2014
《学会沟通，勇于表达》	余洋希	学生在课堂上的学习是小组合作的，所以发现了：人与人之间是需要相互配合和支持的，学会沟通，勇于表达	2014
《STUDY IN CRC》	王嘉雨	学生喜欢 CRC 的学习，认真的时候认真，严肃的时候严肃，放松的时候放松	2016
《Study in Cambridge》	朱文菁	学生在剑桥的学习，课程内容丰富、课堂活动丰富、异国同学友好	2016

表 4-7　2017 年天外培训课程表

课程主题	课程内容
英国环境	地理位置、气候
	英国的 countries，cities & towns
	民族、语言与宗教
	大不列颠与北爱尔兰

续表 4－7

课程主题	课程内容
英国教育	英国的全民课程体系——A-Level
	划分为五阶段的英国教育体系
	文艺复兴运动在英国
	最古老的学术圣殿——牛津大学
	徐志摩的诗意世界——剑桥大学
味蕾英国	舌尖上的大英帝国——伦敦美食料理
	到喝茶的时间了吗？——英式下午茶
	厨艺训练，面点烘焙
	便利采购——英国的超市与便利店
寄宿英国	Home Stay VS Hotel，英国礼仪、习俗
	知己知彼——与“洋爸洋妈”相处秘籍
	文化交流与外事纪律
英国体育	英国传统竞技运动
	走近英国足球
	夏日体育盛宴——英式社交体育活动
	最快、最强、最健壮——2012 年伦敦奥运会
古老帝国	英国民居天马行空的梦想——英国城堡
	体验皇室奢华——探访标志性皇家景观
	王在议会，王在法下——君主立宪制
	变革世界的引擎——工业革命
	“日不落”首都——伦敦
戏剧英国	莎翁的戏剧世界
	To Be or Not to Be
	That's a Question
出境专题	海外交流常用语言课程
	办理出境事宜规则与程序辅导
	自主管理、领导力、团队互助专题活动
	海外旅行生活常识与技能竞赛
	出境的疾病预防与控制

此外，A-Level 课程也是天外培养“和雅君子　世界公民”理念的课程体系之一。A-Level（General Certificate of Education Advanced Level）作为英国高中课程，是英国全民课程体系，是英国普通中等教育证书考试高级水平课程，也是英国学生的大学入学考试课程。该课程体系的教学大纲、课程设置及其考试分别由英国四个主要考试局（Cambridge International Examinations，简称 CIE；Oxford Cambridge and RSA Examinations，简称 OCR；Assessment and Qualifications Alliance，简称 AQA；EDEXCEL）设计并组织，其权威性得到了国际广泛认可。迄今为止，全球已有 5000 多个教育机构开设了英国高中课程，每年有数百万学生参加由这些考试局组织的统一考试。

A-level 有 70 多门课程，几乎对应涵盖了现在大学开设的各主流专业。天外借鉴英国 A-Level 课程体系并加以改正，在中外课程融合模式实践中，对全校初中生进行全面实施。这些课程既涵盖许多行业领域，也涉及多种语言和多个国家的社会、经济、文化等方面，有助于促进和雅君子和世界公民的养成。这些课程融合了民族本土内容和国际内容，成为中外课程融合模式重要的组成部分。具体课程列举如下：

【A】开头的课程：

Accounting 财会
Applied ICT 应用信息技术
Archaeology 考古学
Arts & Crafts 工艺品
Art：Interior Design 艺术：室内装修设计
Art 艺术
Pottery 制陶
Arabic 阿拉伯语
Art：Embroidery 艺术：刺绣
Art & Design 艺术设计
History of Art 艺术史
Ancient History 古代史

【B】开头的课程：

Biology 生物
Bengali 孟加拉语
Business Studies 基础商务
Business & Law 商业和法律

【C】开头的课程：

Chinese 汉语
Chemistry 化学
Computing 电脑
Classical Civilization 古典文明
Computer Science 计算机科学
Classical Greek 古典希腊语
Communication Studies 交流及表达研究

【D】开头的课程：

Drama 戏剧
Dutch 荷兰语
Dance 舞蹈
Drawing & Painting 绘画
Data/Word Processing 数据/文字

处理

【E】开头的课程：

Electronics 电子学
Economics 经济学
English literature 英语文学
English language 英语语言学
Europe History 欧洲史
Environmental Studies 环境学
Economic and Social History 经济史和社会史
European Studies 欧洲研究
Economics and Public Affairs 经济学和公共事务

【F】开头的课程：

French 法语
Film Studies 电影
Fashion and Textiles 时装和纺织品学
Further Mathematics 高等数学

【G】开头的课程：

Geography 地理
Greek 希腊语（古代和现代）
Geology 地质
German 德语
General Studies 通学（一般研究）
General Principles of English Law 英国法律基本原则
Government & Politics 政府与政治

【H】开头的课程：

History of Art 美术史
History 历史
Human Biology 人类生物学
Home Economics 国内经济学
Human Physiology 人体生理学

【I】开头的课程：

Italian 意大利语
Industrial Design 工业设计
Instrumental Music 器乐
Information Technology 信息技术

【J】开头的课程：

Japanese 日本语

【L】开头的课程：

Latin 拉丁语
Law 法律
Law and Constitutional Law 法律和宪法

【M】开头的课程：

Modern Greek 现代希腊语
Modern History 现代史
Mathematics 数学
Media Studies 传媒学
Mechanics 机械学
Music 音乐
Music Technology 音乐技术

【P】开头的课程：

Politics 政治学
Philosophy 哲学
Photography 摄影学
Physics 物理
Physical Education 体育

Psychology 心理学
Public Affairs 公共事务
Portuguese 葡萄牙语
Performance Art 表演艺术
Punjab 旁遮普语

【R】开头的课程：
Religious Studies 宗教学
Russian 俄语

【S】开头的课程：
Social Biology 社会生物学
Sociology 社会学
Spanish 西班牙语
Statistics 统计学
Sports Studies 运动学
Social and Environmental Biology 社会及环境生物学

【T】开头的课程：
Theology 神学
Technology 技术
Theatre Studies 戏剧学
Turkish 土耳其语

其他：
* 16th Century History 十六世纪史
* 19th Century History 十九世纪史

图4－9和图4－10展示了天外获得北京大学考试研究院批准的先修课程试点中学和先修课程项目学校。这一批准项目对天外实施大学先修课程，实践A-Level课程体系具有重要保障作用。

类似于美国的AP课程，中国的大学先修课程正在起步。如何让学有余力、年级前20%的学生更好地提升自己是天外一直在思考的问题。而大学先修课程的出现恰恰是一个很好的回答。这种课程旨在衔接高等教育和基础教育，全面挖掘学生潜力，通过选修的方式为渴望在一些领域发展的孩子提供了可能。

学生在中学的课堂里学习先修大学课程已经成为现实，大学教授与中学老师一起教授一门课程也已变成实践。微积分、电磁学、大学化学、中国古代文化、中国通史（古代部分）、文学写作、线性代数、力学地球科学概论、计算概论、电路基础等课程，涵盖理工、人文、社科各领域，不仅让学生打开了眼界，形成探索大学教育与中学教育的有机衔接，也为学有余力的学生站在更高视野理解高中阶段所学知识，对于构建知识逻辑和运用新的学习方法有明显的帮助。

在践行世界公民课程的时候，天外产生了多种作品。从学生作品中可以看出，世界公民课程实践的本土情怀和国际视野，是课程国际化与本土化融合的表征，也是学校践行中外课程融合模式“和雅君子　世界公民”的结晶。表4－8所示为天外世界公民课程的学生作品。

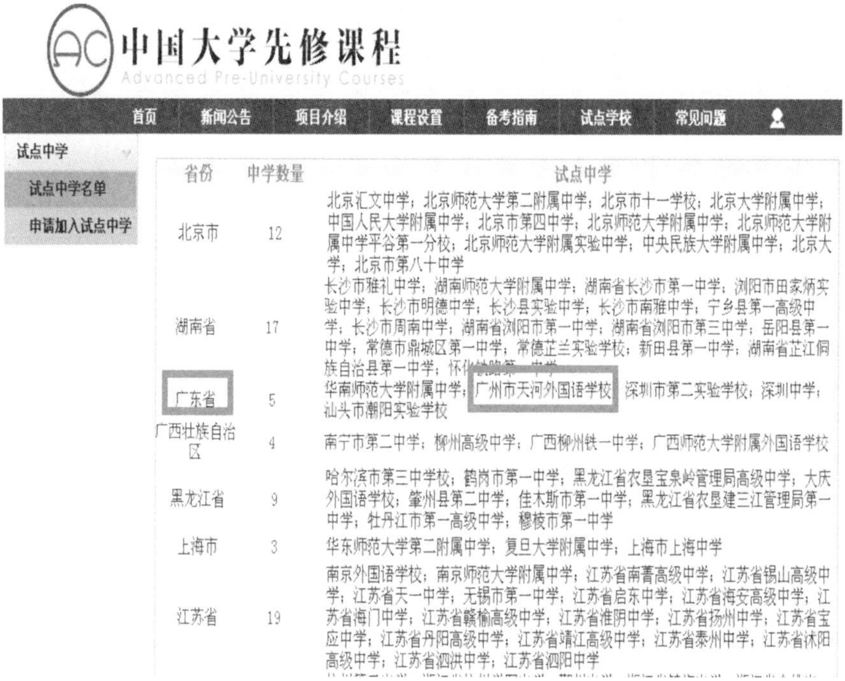

省份	中学数量	试点中学
北京市	12	北京汇文中学；北京师范大学第二附属中学；北京市十一学校；北京大学附属中学；中国人民大学附属中学；北京市第四中学；北京师范大学附属中学；北京师范大学附属中学平谷第一分校；北京师范大学附属实验中学；中央民族大学附属中学；北京大学；北京市第八十中学
湖南省	17	长沙市雅礼中学；湖南师范大学附属中学；湖南省长沙市第一中学；浏阳市田家炳实验中学；长沙市明德中学；长沙县实验中学；长沙市南雅中学；宁乡县第一高级中学；长沙市周南中学；湖南省浏阳市第一中学；湖南省浏阳市第三中学；岳阳县第一中学；常德市鼎城区第一中学；常德芷兰实验学校；新田县第一中学；湖南省芷江侗族自治县第一中学；怀化[illegible]中学
广东省	5	华南师范大学附属中学；广州市天河外国语学校；深圳市第二实验学校；深圳中学；汕头市潮阳实验学校
广西壮族自治区	4	南宁市第二中学；柳州高级中学；广西柳州铁一中学；广西师范大学附属外国语学校
黑龙江省	9	哈尔滨市第三中学校；鹤岗市第一中学；黑龙江省农垦宝泉岭管理局高级中学；大庆外国语学校；肇州县第二中学；佳木斯市第一中学；黑龙江省农垦建三江管理局第一中学；牡丹江市第一高级中学；穆棱市第一中学
上海市	3	华东师范大学第二附属中学；复旦大学附属中学；上海市上海中学
江苏省	19	南京外国语学校；南京师范大学附属中学；江苏省南菁高级中学；江苏省锡山高级中学；江苏省天一中学；无锡市第一中学；江苏省启东中学；江苏省海安高级中学；江苏省海门中学；江苏省赣榆高级中学；江苏省淮阴中学；江苏省扬州中学；江苏省宝应中学；江苏省丹阳高级中学；江苏省靖江高级中学；江苏省泰州中学；江苏省沭阳高级中学；江苏省泗洪中学；江苏省泗阳中学

图 4－9　北京大学考试研究院批准试点中学名单

省份	数量	学校
安徽省	3所	合肥市第一中学，安徽合肥一六八中学，安徽铜陵一中
北京市	10所	清华大学附属中学，北京师范大学附属中学，北京市十一学校，北京市第四中学，北京市第一0一中学，中国人民大学附属中学，北京师范大学第二附属中学，北京大学附属中学，北京市第十二中学，北京景山学校
福建省	4所	福州第一中学，泉州第五中学，福建省厦门第一中学，福建省晋江市第一中学
甘肃省	1所	西北师大附中
广东省	4所	华南师范大学附属中学，珠海第一中学，广州市天河外国语学校，中山市第一中学
广西	2所	柳州高级中学，南宁市第二中学

图 4－10　大学先修课程项目学校

表4-8 天外世界公民课程之学生作品表

作品主题	作品表现
《牡丹》	学生植根中华的作品
British Food Culture and Learn to Cook	
Cantonese Morning Tea	
《家乡的美食》	
《广州美食》	
About Guangzhou——Cantonese Foods	
Eat in Guangzhou（节选）	
中国特色美食之广州早茶（节选）	
Guangzhou（*PPT*）	
《推介广州》	
《中国习俗－春节》	
《中国心家乡情》（学生自制交流作品）	
Four Seasons in China	
《参观市政厅》	学生知行合一、心系全球，学习西方优秀文化的作品
《荷兰》	
《参观礼拜堂》	
《小国荷兰》	
《游伦敦》	
《游德国》	
《英国文化》	
《比利时首都——布鲁塞尔》	
《克莉丝汀大教堂和菲茨威廉博物馆》	
《国王学院》	
《英国首都·伦敦》	
《埃菲尔铁塔》	
The Gentle England	

续表 4－8

作品主题	作品表现
《良好的公交氛围》	学生知行合一、心系全球，学习西方优秀文化的作品
《“微笑”公交车》	
《轻松愉快的上学经历》	
《剑桥与伦敦对比》	
《卢浮宫》	
《布鲁塞尔》	
《法国巴黎》	
《推介广州》	
Cantonese Morning Tea	
《中国牡丹和广州美食》	反映学生英文水平的作品
About Guangzhou—Cantonese Foods（节选）	
Eat in Guangzhou（节选）	
Four Seasons in China	
British Food Culture and Learn to Cook	
《英国食品，在我舌尖》	
European Food	
Difference Between Chinese and English Routine	
The Gentle England	
The Most Beautiful Stranger	
The Buses in Britain	
《“微笑”公交车》	
My Journey	
Host Family	
My Host Family	

续表 4－8

作品主题	作品表现
First Day in London	反映学生英文水平的作品
Home Stay	
《参观大英博物馆》	
Belgium	
Cambridge	
《Brussels 布鲁塞尔》	
A Trip to the River Cam	
About Cambridge & Oxford（PPT）	
Cambridge & Oxford（节选）	
Figgo	
《*CRC* 学习》	
Here, the Cam River	
Traveling Experience	
About the Trip	
My Summer Holiday	
《宝贵的经历——参观二战盟军墓碑》	体现学生情感丰富、视野开阔、具有文学美感、艺术感、审美感的作品
《我的一天》	
《温馨·幸福·感动》	
《大英博物馆》	
《初访国王学院》	
《国王学院》	
《这就是剑桥》	
《海德堡古城》	
《英国游“学”》	
《心灵深处的欢乐与感动》	
《致剑桥 致 *CRC*》	

续表 4 - 8

作品主题	作品表现
《新的一天》	体现学生情感丰富、视野开阔、具有文学美感、艺术感、审美感的作品
《记忆中无可替代的两周》	
《再见，剑桥》	
《遇见你》	
《感恩遇见》	
《时光不老，我们不散》	
《心灵深处的欢乐与感动》	
《参观国王学院与三一学院》	
《荷兰》	
《参观礼拜堂》	
《游伦敦》	
《游德国》	
《英国文化》	
《英国首都・伦敦》	
《浣溪沙》	
《游康河有感》	
《康河之遇》	
《泛舟康河》	
《戏桥》	
Here, the Cam River	

从以上学生的培训课程、作品等方面可以看出，天外世界公民课程既体现了基础教育国际化的发展理念与实践内容，也反映出了基础教育本土化的发展理念与实践内容，并通过国际化与本土化的融合，树立世界公民课程的这种“立足本土，放眼世界”的全球观和区域观，如在学生作品中，不仅有体现中华民族的内容，也有心系全球，学习西方优秀文化的内容。与此同时，不管是国际化还是本土化，天外的最终落脚点都是着眼于学生的成长，其核心功能都是紧紧围绕人才

培养这一支点展开的系列活动。引导学生创造情感丰富、视野开阔、具有文学美感、艺术感、审美感的作品，将对于当前我国考试主导型和知识传授型的教育起到很好的补充作用，为促进学生面向未来、面向世界的全面发展、创新发展、个性发展奠定厚实的基础。

第五章　中外课程融合模式之课程资源融合

和雅特色课程模式的构建离不开课程资源融合与建设，主要包括教师、学生、教材、活动、文化等资源，构建多维的资源体系，有助于支撑和雅特色课程模式的实践与发展。

第一节　师资融合

一、和雅教师的特质

学校教育的主力军是教师，主体是学生。只有“和之情怀，雅而进取”的和雅教师，才能培养“和而不凡，雅而越己”的和雅学子。对于教师而言，“和”是一种和而不同的兼收并蓄，是一种开放包容的态度，是一种博大的目标。“雅”不仅是一种雅正的修养，更是一种修为，一种积淀，需要很高的知识储备和精神境界，才能达到溢于言表的雅。

教师要达到“和”与“雅”，并不容易。“和雅教师”应当具有温和、博学、高雅的特质。教师的“和雅”最主要的是一种心灵的奉献，拥有一颗热爱学生的心，一种执着教育的情怀，当然还有深厚的专业功底和渊博的学科知识，并由此而外化为儒雅、自信，从心所欲而不逾矩。

温和——这是待人接物的态度。温和的教师对待学生和同事和蔼可亲，善于以和风细雨般的方式教育学生，善于协调与同事和家长之间的关系。

博学——这是对教师的才学要求。学习型社会要求培养一批善于学习、勤于反思的教师，通过阅读改变气质，进而促进成长。

高雅——这是对教师的气质要求。天外要培养的是高尚品德，形成高雅情趣，成为内外兼修、德艺双馨的高雅之师。

优雅——这是一种素质，是教师外在形式美和内在精神美的高度融合。

以儒雅示人，是教师精神气质的表现。天外老师们面对的是一群中学生，他们正处于心智将熟未熟的阶段，易受他人影响。学生们如何待人处事，更多的是模仿身边的人。在寄宿制学校里，学生有更多的时间和机会与老师相处，老师的雅对学生有潜移默化的作用。教师的衣着、谈吐、气质等等，都是学生眼中的榜样。"和雅"是"立人立己"的教育，成就学生，也成就教师。

二、师资团队资源建设

师资团队资源建设是中外课程融合模式实施的重要保证，也是师资融合资源的主要支撑。天外的学生都是非常优秀的，管理好资优生需要有伯乐精神，正如《马说》里讲到的世有伯乐，然后有千里马。千里马常有，而伯乐不常有。探究和发挥每位学生的潜能需要老师的智慧和才干。

独木不成林，个人才干只有凝聚在组织团队中才能形成强大的磁场和能量，才能迸发出耀眼的光芒。优秀的师资团队要有共同的愿景和明确的奋斗目标，清晰的角色，相互间的信任、沟通与合作，更要具备专业的技能。为了建设这样一支队伍，学校在创办过程中，采取多项举措：

一是注重顶层设计，2012 年 6 月份就制定了《学习型教师团队建设行动计划》。

二是严把教师入口关，注重人员的结构比例。面向全国招聘学科带头人、优秀毕业生，区内选调骨干教师，35 周岁以下专任教师一般具有硕士学位并会第二外语，外籍教师具有本国教学经验。

三是客观分析，充分估计。这支教师队伍，从不同地区，不同体系内进行选拔，年龄差异较大，成长及工作环境不同，文化背景更为复杂。每个教师不仅有各不相同的个性，并且也或多或少带有自己原来所处环境的文化特征及思想观念。加上每年都会有相当数量新人加入，且要持续 5 ~ 6 年。

四是抓住了时机，先入为主。对于每一个加入天外团队的人员，学校领导都会在该位教师进入天外的第一时间，和教师进行至少一个小时的谈话，谈话围绕学校的情况、理念、目标、要求，并提出任务要求；还会围绕课改，为教师搭建平台。学校从创办开始，进行课堂教学改革，实行小组合作，学案导学，自主探究，致力于把课堂还给学生，以此为抓手，通过课改培训，导学案编写，集体备课，构建合作交流研讨平台，在互助交流中共同成长。

五是自学思考，岗前培训，围绕谈话提出问题，特别是如何把课堂教学改革。先由教师利用假期自学，并形成学习思考的心得；开学前一周，学校将围绕相关问题，对新入职教师进行为期 3 ~ 5 天的培训，更新观念、答疑解惑、提升技能。

六是课堂建模，实践探索。针对构建活力课堂操作流程，进行实践总结，汇报课、交流课、示范课、展示课等交流研讨，形成"自学把脉—互学观情—交流诊断—阐理治疗—反思康复"教学模式。其目的就是要将学校的文化、理念和精神薪火相传，让每一位天外的老师都将自己和团队的目标自始至终保持一致，每个人都把天外当作自己的事业，全身心呵护天外。

天外人都将团队精神内化成为文化自觉。学校有一个学习型的团队组织，倡导彼此欣赏的“美人之美”的文化，每一周每一个人都要发现身边人的三件“美事”，发现他人的优秀，感受来自他人欣赏所带来的幸福，彼此更加和谐共处、更加乐意互助合作。

天外校级领导都曾有海外的学习经历，如笔者曾赴英国伦敦大学参加广东省中学校长领导力培训，马丽娟书记率领学校师生赴英开设世界公民课程，霍志刚副校长曾有外国语学校管理的工作经历，陈迪副校长和校长助理刘娟，曾参加广州市赴英国的培训项目。英语科组是个大家庭，现有英语教师 32 名，其中 3 名为行政干部、高级教师 7 名、研究生以上学历 20 余名，80% 的英语教师有前往美国、英国等国家进修学习的经历，并获得当地政府颁发的专业证书。

天外有来自英美国家的外语口语教师 2 名。他们发音纯正，教学经验丰富。除了常规的口语课之外，他们还积极参与学校教研，改进教学方法，并帮助学生排练英语戏剧，成立了科技英语俱乐部等，丰富了校园文化。天外还聘请了 3 名外籍兼职教师承担学校的英语角、演讲比赛等社团管理和综合实践活动课的引导工作。

外籍教师、第二外语教师均来自母语国家，并具备本国的教学经验。在学校开设的法语、德语、日语和西班牙语课程中，任教法语和德语的教师具有海外进修学习经历。他们教学经验丰富，善于借助歌曲、视频、音频及图像等，设置符合学生实际生活的交流场景，重点训练学生的口头表达，充分调动学生学习第二外语的积极性。

同时，天外积极整合校内外师资资源，借助专业机构，聘请对口的专业教师担任第二外语教师，如初一、初二和高一的日语课，初一、初二和高一的法语课，初一、初二和高一的德语课，初一、初二的西班牙语课，就分别外聘了相应的专业教师任课。学生们都喜爱第二外语的学习，非常积极地参与第二外语的课堂活动，例如德语班的学生更是用英语来学习德语，双语都得到提高。

表 5－1 和表 5－2 分别是 2016 年前部分校内教师从事特色教育的工作安排和校外专家团队情况。

表 5－1 校内教师从事特色教育工作安排一览表

姓名	学科	开设课程	简介
崔海友	数学	认识和雅	高级教师，广州大学兼职教授，华南师范大学硕士生导师，广州市名校长，广州市优秀教育工作者

续表 5－1

姓名	学科	开设课程	教师简介
蔡莉玲	语文	经典教育	高级教师，广东省百千万名教师培养对象，市优秀教师，曾培养出多名高考状元和语文单科状元
徐四英	语文	论语心读	高级教师，硕士研究生，广州市百千万名教师培养对象，广州市优秀教师
吴梦欣	语文	中华礼仪	硕士研究生，对中华文化及礼仪有较深的认识和了解
夏丹	语文（班主任）	责任与诚信	硕士研究生，曾在南京市某国家级示范性重点中学任高中语文教师多年
丁芳	语文	演讲与口才	一级教师，广州市名班主任培养对象，区骨干教师，多次获得全国教学比赛一等奖
刘惠梅	数学（班主任）	团队合作与团队精神	一级教师，教育硕士，骨干教师，广东省首批骨干教师培养对象。数学竞赛优秀教练
陈俊娟	英语	英语戏剧	高级教师，广州市优秀教师，天河区骨干教师
黄宇红	英语	模拟联合国	高级教师，曾获“广州市初中英语竞赛优秀辅导员”及市优秀教师等荣誉称号
刘娟	英语	世界公民	硕士研究生，一级教师，ESOL、TESOL 国际英语教师；省骨干教师培养对象，区骨干教师；经历初高中英语循环教学，学生成绩优异居前市全列；曾获广州市中学英语教师教学技能大赛一等奖
李沁	英语	英语戏剧	一级教师，天河区教坛新秀

续表 5－1

姓名	学科	开设课程	教师简介
王文琛	英语	国际理解	一级教师，区中心组成员，教育硕士；天河区教坛新秀
马丽娟	物理	创新思维	高级教师，广州市优秀教师，广州市物理教研会理事，具备丰富的高三毕业班教学经验
叶燕青	政治	职业生涯规划	一级教师，教育硕士，广州市教坛新秀，具备多年高中政治教学经验
朱云志	历史	和雅学院	一级教师，硕士研究生，有丰富的高考试题命题经验，教学风格独特，具有思想高度和学识厚度
廖敏玲	地理	世界公民	一级教师，市教研会理事，全国综合实践活动优秀指导教师，“双料”教学骨干
何石磊	体育	社会公益活动	一级教师，区学科中心组成员
吴跃芳	音乐	音乐剧	音乐教育硕士研究生，特长古筝

表 5－2　校外专家团队情况表

类别	项　目	人员	人员信息
专家学者	优秀大学需要中学生具备的素质——科学创新班对话名家教授	陈大岳	北京大学数学科学学院教授
	创新型人才的特征	颜宁	清华大学医学院教授
	“玉品水德，教我修为”国学讲座	张志攀	浙师大美院书法与篆刻工作室主任、中国书法家协会会员教授

续表 5－2

类别	项 目	人员	人员信息
专家学者	数学与生活	张景中	中国科学院院士
	青年领袖的成长智慧	陈光	西南交通大学公共管理学院院长、博士生导师
	论语心读	柳恩铭	广州市天河区教育局原局长、博士
	中西文化教育	李少玲	广州市天河区文联副主席
	创建“大外语”体系	仲伟合	原广东外语外贸大学校长
		常晨光	中山大学外国语学院院长
		周榕	华南师范大学外文学院院长
		谷红丽	华南师范大学外文学院副院长
		镇祝桂	广州市教育局教研室高中英语教研员
	科技创新大赛/OM 比赛	杜赧	广州市头脑奥林匹克协会会长
	交友与处世	李凌	南方医科大学公共卫生学院主任
	演讲与口才/播音主持	王政	全国青少年播音主持专业委员会副会长
	职业生涯规划	宋清晖	著名经济学家
能工巧匠	视频拍摄与剪辑	陈南	广东电视台新闻频道导演
	礼仪	张辉华	供职于资生堂广东化妆品有限公司
	羽毛球	孔丽娜	伟伦体校羽毛球总教练
	书画	万测宇	天河区少年宫书画部部长
社区人士	书香节	刘洪辉	省立中山图书馆馆长
	文化历史	李天明	广州市博物馆志愿者
优秀家长	学会合作	李昌文家长	供职于广东金融学院
	青春期交易	张旬智家长	供职于中山大学第三附属医院
	从航天航空看团队合作	邹开源家长	航天员
外籍教师	原版教材的教学实施	David Simon	剑桥大学出版社大中华区教学顾问
	外语教学与评价	Ms Xu	剑桥大学出版社大中华区总负责人

续表 5－2

类别	项 目	人员	人员信息
外籍教师	外教口语	Rosalind Talley	女，美国籍，专业教师，有丰富的美国高中教学经验
	外教口语	Oscar Cruz	男，美国籍，专业教师，在美国有丰富的教授 SAT 1 的教学经验，擅长教授写作和指导学生升学文书写作
	剑桥课程	David Stillwell	拥有英国海外发展管理局教育教师资格证书，阿伯丁大学化学荣誉学士，具有超过 40 年教育经验，曾在欧、非、亚洲（包括中国）多个国家的中学创建剑桥国际课程
	SAT 课程	Robert Gelinas	美国东北大学、加州州立大学 MBA，拥有英语 TEFL 教师资格，15 年教学、编写理科教材的经验，拥有资深教授 SAT、托福的经验
	雅思课程	Steve Hurrell	雅思口语面试官
	托福课程	David Hughes	美国加利福尼亚州大学，拥有英语 TEFL 教师资格及资深教授 SAT、托福的经验

三、师资融合的举措

师资融合方面，学校在师资融合方面有几种做法，包括教师的“引进来”与“走出去”，高校与基础教育双向教学等。“引进来”包括外教来学校交流、爱尔兰实习生来学校及其他各类交流。教师的“走出去”包括异地教学、同课异构、到大学讲课、到国外学习。五年间，几十位教师作为世界公民课程授课教师，领队到国外进行研学。

1. 引进来

学校教师队伍中，外籍教师每周开设的外教口语课不仅给学生带来了鲜活生动的语言，同时也让本土教师有机会接触到国外的真实课堂，从而促进中外课程师资的融合，是教师国际化与本土化相互作用和影响的产物。

学校积极促进中外师资合作与交流。如在天河区英语公开课（天河区其他学校老师来天外观课），学校老师会邀请外教当评委进行观课、评课；学校年级英语课教研，年级老师邀请外教参与课堂设计等讨论；学校非英语其他科目的公开课，如历史、音乐等，外教会去旁听；外教和学校老师课后时间常开展关于课堂的一些讨论交流。在教学上，由于外教老师来自英美国家，发音纯正，教学经验丰富，外教口语课形式多样，有英文朗读、知识竞赛、原声配音、即兴表演、演讲比赛等，学生乐于参与课堂，并且有充分表现自己的机会。除了常规的口语课，外教老师还积极参与学校教研，努力改进教学方法，并帮助学生排练英语戏剧，并成立了科技英语俱乐部等，丰富了校园文化。

二外老师60%以上拥有硕士学位，教学经验丰富，善于借助歌曲、视频、音频及图像等，设置符合学生实际生活的交流场景，重点训练学生的口头表达，充分调动学生学习第二外语的积极性。

师资的国际化不仅有利于自我的提升，同时也体现在辐射作用和指导作用。学校于2013年4月开始阶段性地接待在华南师范大学学习的外籍大学生来学校开始作为实习生的辅导工作。在给外籍学生教学指导的同时，也同样增强学校教师的国际交流能力。此外，学校还曾接待加拿大温哥华岛哥维根谷教育局局长来访，与学校就中加教育现状以及交换生、教师交流、文化交流等相关问题进行了深入的座谈和交流，有效地促进了学校国际交流与合作，进一步推进了学校“世界公民课程”的完善与发展。美国国务院英语语言专家Tony Newman曾前来学校为全校师生开设了一堂语言词汇学习的讲座，从英语词汇学习的九个策略让学生全面地了解英语词汇学习，并学会分类归纳，开阔了大家的国际视野，有效地拓宽了学校国际交流的平台。法国领事馆的专家们也曾给二外选修法语的学生带来一次法国文化体验活动，让他们对法语、法国文化有更近距离的接触与了解。

2. 走出去

除此以外，培养本校具有国际视野的老师，将教师送到国外培训也是打造国际化师资队伍的途径之一。自2012年起，学校派出40多名教师前往英美参加培训，在学习国外先进的管理和教学经验的同时，这些老师也将国外的经验进行本土化的转化，让外来的知识贴近国内学校的实际。他们中有校长、行政人员、专业教师。不同的职务，对待国外事物、教育、教学等方面的态度与理解不同，但他们带回来的先进经验和有效做法对各学科的促进作用是一样的。在校内的教研活动，同样有利于提升师资队伍的国际化程度。

为了充分发挥骨干教师在构建“和雅课堂”、新教学改革实践中的示范、引领作用，天外经常组织骨干教师定期、分批开展示范课活动。

在示范课活动中，骨干教师们在课堂教学中渗透了“以学生为主体，教师为主导”的教学理念，认真备课，精心施教。其他听课的教师，从中感受并学习骨干教师的教学方式。其实，在每一次的示范课中，骨干教师都会尝试并在一定程度上呈现天外独特的教学模式，把每一次的课程都当作一次宝贵的尝试，为学科的建模积累经验。

在课堂展示活动结束之后，天外教科研委员会便组织教师召开研讨会，让老师们各抒己见，交流各自的想法。通过这类听课、研讨，天外老师们进一步更新教学观念，为探索、完善天外的课堂教学模式打下坚实的基础。

骨干教师示范课活动是天外每学年坚持开展的活动之一，通过开展丰富多彩的示范课活动，充分发挥骨干教师在教师队伍建设、课堂教学模式创新等方面的示范引领作用，也给全校教师提供了一个交流学习的平台，为青年教师的成长提供一个宝贵的蓝本，从而带领全校教师共建天外“和雅课堂”。天外的课堂，是由师生共同谱写出来的美妙乐章，是师生主体共性的表现方式，也是实施和雅特色课程模式和实现“和雅君子　世界公民”教育目标的主要阵地。

3. “引进来”“走出去”融合发展

不仅如此，学校还积极促进教师“引进来”与“走出去”融合发展，扩大教师的国际化视野，为推动全校性“世界公民”的实践提供师资支持。表 5－3 是部分教师在践行学校世界公民课程过程中形成的部分作品。

表 5－3　天外世界公民课程——英欧五国行（2013—2016）之教师作品

题目	教师	主要内容、亮点	时间
《文化体验课 Treasure Hunt》	刘娟	发现别样的体验课——学生走上街头、请教路人、亲身体验，获取第一手资料更有利于学生的学习	2013
《感恩无限 Thank You Cards》	刘娟	体现了学生的创意与想象力，且无形之中教会孩子学会感恩	2015
《遇见陌生人》	刘娟	通联方式的发放，积累可持续的人际资源	2015

续表 5－3

题目	教师	主要内容、亮点	时间
《布鲁塞尔——City Council Guildhall（市政厅）》	刘娟	学生与法国学生一起上课，在市长秘书的课中深刻体会且告诉学生：谁都会有知识漏洞，不要觉得丢脸，不懂就张嘴去问	2013
《英欧团文化体验》	莫若华	英欧团深度文化之旅，小组分工合作，独立发挥自身才智解决问题	2015
《惊叹同学们的表现》	陈俊娟	感叹学生研习回来后学习态度有很大的转变	2013
《脚步丈量世界，时光雕琢影像》	刘娟	带团游学后总结公民语录	2013
《为旅行插上文化的翅膀，为活动嵌入思考的芯片》	朱云志	深感英国国民素质高，并感叹纸上得来终觉浅	2013
《读万卷书，更要行万里路，地理老师感受深！》	廖敏玲	总结孩子的变化：懂得知识与实践相结合，孩子更有自信了，孩子们更有绅士风度了	2013
《外教课程直击及剖析》	莫若华	对课程进行了解说，同时对哥特式建筑进行了介绍	2013
《读万卷书，行万里路》	蒋金玉	学生远游在外，增长学问、学会适应与独立、充实内心的诗意、得到了很好的成长	2014
《我的英伦行》	杨　娇	带领学生进行游学，同时感谢学生的陪伴	2014
《阳光岂止“一米”！》	徐四英	作为带队老师也收获颇丰：写日记，记下日常；被孩子的让座行为感动；持续认真地做事；学会微笑对待每件事、每个人	2014
《一切很美，只因有你》	林映映	教师在游学过程中发现了不同学生的特点：有最会精打细算的、有最让人惊喜的、有最让人感动的、有善于思考的、有玩得好学得好的	2014

续表 5－3

题目	教师	主要内容、亮点	时间
《鱼和熊掌是否可以兼得》	於发广	游学既是旅游又是学习；注重对文化知识的体悟；注重对安全问题的引导	2015
《多去旅行》	夏丹	鼓励学生多去旅行，发现新领域、拥有新眼光	2016
《英国世界公民课程感想》	许映吟	游学中学生学习知识，变得更加独立，不断成长	2016

第二节　学生资源融合

一、多元需求导向中养成和雅

多元文化主义是当今教育发展的主流理论思想，也是学生多元需求形成的文化基础。学生多元需求，促进学生全面发展，而这种学生融合发展的资源为创新和构建天外中外课程融合模式提供源泉，是课程实施的主体。

天外的课外活动丰富多彩，既有艺术节、科技节、体育节等传统校园活动，还有万圣节、泼水节、快乐节、道歉日等特色活动。在异彩纷呈的活动中，学生学以致用，展示特长，收获自信和快乐。

根据学生兴趣和发展需求，天外独创“和雅学院”活动体系，开设商学院、科学院、模拟联合国等“院系”，在假期组织学生到剑桥、牛津、哈佛等境外教学基地享受世界公民课程，增长见识，开阔眼界。

逐渐地，天外的社团活动走上课程化、专业化发展路线。天外积极联系领域内专业机构指导学生社团活动，如联合广汽丰田、广州市少年宫开设汽车课程，联系广东省野生动植物保护协会指导学校野生动物保护社的各项活动，与松下公司合作为摄影社开设摄影课程，使学生的兴趣更专业、知识更丰富。

学校以学生的需求为导向，想方设法进行资源的整合与融合，满足学生需求，促进学生多方面发展。如在中华传统文化方面，融合了学校老师、家长、社区、大学、社会机构等诸多方面的资源，给孩子们帮助、辅导、讲座，开展包括班级年级甚至学校活动，营造汉字文化学习氛围，加深孩子们对汉字的认识，培养孩子们对汉字的浓厚兴趣，同时也增强孩子们的民族自豪感和家国情怀。为了满足学生对科技创新的需求，学校设立专门机构负责此项工作，开设创新思维课程、多门科技创新类选修课，购买设备和材料支持科技类社团的开展。与广汽丰田、广州少年宫合作开设的“座驾精灵”CEO青年领导力课程，孩子们在这里学习汽车设计、汽车原理与汽车制造相关课程，开阔孩子们的视野，提高动手能力。鼓励孩子们走出去参与各种活动和比赛，如“广州市青少年科技创新精神和实践能力测试活动”、科技创新大赛、科技之星特训营、DI创新思维大赛、OM比赛、“全国青少年科学素质大会”等，让孩子们在活动和竞争中提升自己。为了满足学生对英语演讲与口语表达能力提升的需求，学校在作息时间上每天安排20分钟对学生进行听力和表达训练，学校还有英语角、情境室、英语戏剧社等，聘请外籍教师、大学外语学院的教授、外语类专家等给孩子们帮助辅导。

总之，资源的融合，给孩子们搭建平台，提供了帮助，为孩子们增添了锻炼机会，展示了和而不同、雅而有致的气质形象，获得了发展，增强了自信。

二、国际理解助力学生融入世界

读万卷书，行万里路。天外以“和雅君子　世界公民”为办学理念，就是要引领学子能够融贯古今，夯实中华民族的文化底蕴，做和雅的君子，更能够中西兼容，广纳世界各国的积极文化，做世界的公民。而天外的国际理解教育课程的创设，就是要让每一个天外学子快乐地徜徉于世界。

天外的国际理解教育课程，以外语课程为主体，以特色活动和国际交流为两翼，以世界公民课程为载体，注重学生文化包容度和国际理解力的培养，使其形成国际视野和通晓国际规则。

随着世界公民课程的开发与实施，天外学子的文明素养和文化包容精神得到很好的培养，他们能够更好地认识和传承本土文化与历史传统，同时建立良好的思想道德品质、健全人格养成，真正成长为和雅君子，成长为世界公民。

在国际知名大学城内，天外设有世界公民课程的基地。每一年暑假，天外都会组织学生前往英国剑桥大学、牛津大学，美国哈佛大学等国外学习基地，进行为期2~3周的语言学习与文化交流。

学子们在国外教育基地学习、生活、旅行，与来自不同国家的学生交友……感受中西教育的不同，收获友谊，收获成长。天外专门还开设了一个世界公民课程的新浪博客（http://blog.sina.com.cn/thfls2013），在博客中，学生和领队教师分享了许许多多的游学小故事。

通过国际理解教育，天外促进学生本土思维与国际思想的融合，助力实施中外课程融合模式，为实现世界公民的教育目标奠定基础。例如，天外学生通过感受异国文化和教育氛围，对国内外教育进行比较和反思。这是学生在世界公民课程中的收获之一。下文列举三位天外学生体验异国文化的感受，从中可以看出他们在体验异国文化中的国际理解情况。

今天是来到牛津大本营的第 11 天，大家已经能完全适应在英国的学习和生活，和同班的外国朋友也能很融洽地相处交流了，这种变化趋势是令人激动的。

我经过数天以来的观察，发现外国的课堂有一些有趣的特点：首先，课堂的教材设备。课室内的电子设备非常齐全，电子白板、投影仪、扫描仪等设备应有尽有，书本、练习册、彩笔等工具也全都有配备，学生上课唯一要带的就是眼睛和耳朵，比中国的课堂要便捷轻松得多。其次，教学特点。在中国，老师讲课通常会用 PPT、导学案等工具，而英国的老师却极少用到它们，甚至连电脑等电子设备都不常用。他们更喜爱以口头讲述的方式上课，提倡学生们开口说话，而不是埋头苦干，这和中国的上课模式形成鲜明对比。

——李明臻 2014 年 7 月 24 日

在国外上课果然与在国内有很大的不同。

天外采用外国学校的布局，以小组的形式就坐，但外国学校比中国学校要多很多小组谈论、小组合作，以此拉近组员间的距离。上课时，他们不像中国单讲课文，更多是课外的拓展延伸，从一个话题切入到上课内容，夹叙夹议讲完上课内容后又谈到另一个话题，或是“do something creative”的活动，在这个活动中，我们或是做与上课内容有关的课题、手工或是谈论一个话题。今天，我们老师 Alex 就让我们自己“创造”一个机器，第二节课，让我们谈论“街头艺术家作的画是涂鸦还是破坏行为”，像是一场小型辩论会，每个人持不同的观点，让我们的思维得到充分开发。

努力学习当然很重要，但更多的是要能勇敢地表达自己的意见，创新自己的思维，否则，就只会变成一个书呆子。

——潘星宇 2014 年 7 月 25 日

在英国学习了近一周后，收获了与国内不一样的东西。

英国的学习比中国轻松。课程开始时间晚，中间休息多，作业也少，课堂气氛比较活跃。中国的上课时间较长，作业更多一些。在英国，老师依据学生们的不同水平分班，中国则是随机分班，这可能与教育风格或理念相关吧。

英国课堂以交流、展示、创造为重，中国则更多倾向于问题与答案。在课堂上，英国老师有时会让学生两两合作，或随机分组，更注重让学生了解彼此。中国老师一般都会安排固定的小组，谈论的部分也差不多是课堂发问，很少有闲谈一样的谈论。

另外，英国课堂上的小练习，老师很少挨个提问或检查，更多时间用于回答学生的问题或不解之处，这或许也是师生间一种默契或信任吧。课后，老师会安排一些趣味性活动，有 Disco 晚会、舞蹈课程、看电影等，中国则更多倾向于体育锻炼一类。

总的来说，英国更偏向感性方面，中国更偏向于理性方面，各有不同的体验。

——蔡欣桐 2015 年 8 月 4 日

在国际理解教育思想的引导下，天外学生在国外上课学习，是一种感受，也是一种人生的体验。这样的活动不仅增加了学生的生活磨炼，也提高了学生的独立自主能力，为人生旅途增添了一笔无形的财富。尽管学生看待问题的角度可能还不够深入，但这种思考的能力，这种对比的意识，将对他们的思维产生影响，对学生人生观的养成大有裨益，将为培养“和雅君子　世界公民”提供良好的思想基础和实践体验。

三、实践课程融合绽放学生风采

实践课程融合增强学生的实践能力，让学生在实践中培养“和雅君子　世界公民”理念，促进学生理论和实践的融合。在实践课程融合中，主要有学生社团、社会实践等形式，助力学生展现个性特征，绽放出新时代学生独特的风采，从而为中外课程融合模式奠定实践基础。

（一）学生社团实践

学生社团是具有某些共同特征、爱好的人相聚而成的互益组织。天外将学生社团纳入课程建设中，演绎出学生社团课程开发的一个又一个小故事：社团的一则则募才海报，不仅由学子自己撰稿，而且内容更是各显神通，特色纷呈；又如天外“不宅电脑吧”招募贤才！（案例一）、“美食团”邀请你来参加！（案例二）。

案例一

天外"不宅电脑吧"招募贤才!

21世纪是一个信息的时代，在这个时代里，电脑已经成为了一件必不可少的办公设备。你若能够好好地掌握电脑技术，那是不是又向理想中的自己靠近了一大步呢?"不宅电脑吧"社团，为你提供多种多样的计算机技术/技能，你可以从中学习到你想要的任何电脑技术，只要你肯努力，肯下苦功夫，那么你即使是要成为一名了不起的黑客也不在话下，那些PS、AE、CAD、FLASH、WEB、UI、MAYA、INDESIGN、PPT、WORD、EXCEL、PUBLISH等电脑技术更加是小菜一碟，只要你想学习，什么厉害的人你都可以超越!

在电脑吧，你可以学会工作常用的OFFICE软件，也可以编辑你最个性的网页，处理你最得意的相片，绘制你最梦幻的动漫……

如果你想成为传说中的PS高手，

如果你想熟练掌握各种办公软件，

如果你想让你的"爱本"得到更好的维护，

如果你在选择购买笔记本时不知所措，

如果你想成为移动互联网产业的弄潮儿，

如果你想参与制作属于自己的校园短片，

天外"不宅电脑吧"社团活动

如果你的电脑崩溃后没有人给你重装系统，

如果你想要让你的生活更有意义，

如果你的目标是一名计算机高手，

如果你想找到一群靠谱的伙伴，

那么就请你来我们"不宅电脑吧"吧!

社团宗旨：多交流讨论，多思考探究，多动手实践，多幸福晕染

社团口号：我是爱生活爱学习爱伙伴爱研究的不宅IT男/女

社团指导老师：江小宇

社长：黄凯锐

副社长：吴雨铮

社团活动地点：初一（4）班教室

社团活动时间：周四下午第八节课

案例二

“美食团”邀请你来参加!

中国拥有五千年的历史，在这漫长的文化长河中，我国的美食多不胜数。北京有烤鸭，上海有小笼包，广州有早茶，四川有担担面，重庆有火锅……中国八大菜系，总有一个菜系让你垂涎三尺。于是乎，你可以在我们的社团里了解这些地方名菜，更能在这里找到这些美食背后的文化。

读英文菜谱，做西方美食。可以把自己沉浸在和美食相关的信息里，熟悉西方人的三餐文化，拓展自己的知识面。如果你也热衷 DIY 各种人间美味，那我们就一起来做一下这些西方人爱得不得了的甜品。在听英语、品文化的过程中，享受人生。在我们的社团里，我们会有 FOOD ROADMAP，带你浏览西方的特产；EASY RECIPE 中会有经典甜品的菜谱，一步一步指导你的操作，总有一款是你的 FAVOUR；FOODIES'SAY，吃货朋友们可以在这里互相交流美食，学习如何评论美食，并且还能学到各种饮食词汇。我们还有 Healthy Eating Quiz 健康饮食小测试，让你了解更多与健康饮食相关的信息，让你能拥有更加健康的生活习惯。一起来 Enjoy 美食团给你带来的快乐吧!

社团学习目标：让学生学会读英文菜谱，并且动手亲自做美食；了解我国和西方美食文化；学习形容各种味觉、如何用英文评价食物；了解健康饮食知识，吃出健康。

（二）学生社会实践

学生社会实践是学生走向社会，融入社会生活和体验人生百态的重要实践活动，是培养学生“和雅君子　世界公民”理念的重要社会实践活动，也是实施中外课程融合模式的社会实践依据。比如天外学子参观广汽丰田实验室的实践活动（图 5 -1）。此次活动不仅使学生了解到作为生活常见的汽车的基本原理和运行机理，也启发学生在科技海洋中学会思考、学会创新，培养学生创新能力。

天外学子参观广汽丰田实验室的实践案例如下。

图 5－1　天外学子参观广汽丰田实验室的实践活动

案例三

穿梭在大街小巷的汽车，究竟是怎么制造出来的呢？天外的一群好奇宝宝对大家司空见惯的汽车，突然产生了兴趣。

2017 年 6 月 23 日，广汽丰田公益微信发布了一条这样的消息：是的！这群中学生建立了自己的汽车公司。这个公司，从汽车的研发、生产、制造、推广等环节，都由中学生来决策。除此之外，他们还围绕环境、能源、交通安全等课题，共同探讨针对性解决方案和涉及创造性的概念车产品。而且，在这一天，他们还举行了“新车发布会”！

其实，这是一场“蓄谋已久”的发布会。

早在 2016 年 9 月，天外和广汽丰田就共同打造了“广汽丰田汽车实验室”，并推出“座驾精灵 CEO 课程”。

广汽丰田汽车实验室配备了真实的教学用车、发动机、汽车零部件、电气板模型等教学用具，学生们可以零距离地接触真车和零部件，将知识和实践能力有机地融合。

在“座驾精灵 CEO 课程”中，同学们深入体验汽车从生产到上市销售的全过程。兴趣是最好的老师，有了物质基础和经验指导支撑的兴趣，能帮助孩子们达到梦想的彼岸。

这次活动不仅丰富了天外的特色课程体系，开创了校企合作的新形式，每一位天外学子也受到了鼓舞：有梦就去追吧！

第三节　活动资源融合

为了更好地实施中外课程融合模式——和雅特色课程模式，天外积极探索面向未来和新时代发展需要的活动，集合各种中西融合资源活动，提升学生的和雅素养与世界公民素养，为新时代国际型创新人才培养奠定基础。活动融合资源主要包括西方文化活动融合、中华文化活动融合、创新思维活动融合、高中与大学衔接活动、国际组织活动融合。

一、西方文化活动融合

为了更好培养学生对西方国家文化的国际理解和世界公民素养，天外开展了许多西方文化活动，让学生在文化活动中体验西方语言文化，了解和掌握作为世界公民应具有的国际包容度和世界宽广度，同时也提升了学校管理者、教师、学生的国际视野，助力学校建设成为面向未来的全球性“和雅君子　世界公民”的现代化学校。

2012 年 10 月 31 日，在西方传统的“万圣节”这一天，天外举办了“万圣节晚会”，全校师生都融入全英环境，体验西方传统节日，感受西方文化。活动在晚上七点半开始，同学们点上自己刻的南瓜灯，戴上各式各样的面具，换上精心准备的服装，化妆成各种不同的人物形象。“女侠”“小巫女”“佐罗”“蝙蝠侠”“小蜜蜂”等穿梭在人群中，还时不时会有“小魔鬼”“小幽灵”跳出来吓人。当学校领导、老师们戴着面具来到同学们中间时，可爱的孩子们赶紧抓住机会，调皮地说着“Trick or treat”，找老师们讨要糖果。

学生们利用环保材料制作活动道具，用万圣节“南瓜”“糖果”“蜘蛛”等元素，将教室布置得有模有样。课余时间，学生们也用英语在板报上介绍万圣节的起源、发展及习俗等。像这样的外语类活动，天外还有很多。学生和老师们在活动中愉快地交流，自由地用英语进行表达，感受着语言的魅力。通过西方文化活动资源的挖掘，有效推动天外外语文化与语言课程的融合。

二、中华文化活动融合

汉字是使用历史最悠久的文字，虽历经沧桑，却青春永驻。作为中华文化的重要载体，汉字承载着中华民族五千年灿烂辉煌的历史文化，蕴藏着无限韵味。为了提升中小学生的汉字和汉语素养，加深学生们对中华民族历史文化的认识和敬仰，我国每年都会举行汉字听写大会（简称“汉听”）。

以外语为特色的天外，对学生中华传统文化素养的培养也从不懈怠，走向世界的和雅君子，要深深扎根于本土文化，才会更有底蕴，更显风度。在一次次的汉字听写大会上，天外学子沉着冷静，书写了一个个既属于自己又属于天外的传奇。

2014 年“中国汉字听写大会”，天外获得广州市特等奖、广东省第二名的优异成绩。其中，梁晋豪同学以一敌五，展示了天外学子扎实的语言功底和广博的知识面，赢得了全场喝彩。总裁判长华南师范大学文学院院长陈少华教授还称其为“真正的汉字英雄”。2016 年 6 月 21 日，在广州市“中国汉字听写大会”总决赛上，天外再创佳绩，勇夺桂冠。天外学子宋笛秋、魏琳和梁晓雅成功斩获个人一等奖。2016 年 10 月，在广东省选拔赛中，天外获得二等奖的佳绩。2017 年，天外学子参加广州市汉字听写大赛，又获第一名。

比赛取得佳绩，是参与比赛者的愿望，而举办比赛的最终目的，还在于使参赛者以及观赛者有所收获。学生在成长与进步中所获取的难忘经验，更宝贵，更值得珍惜。下文是胡浩捷同学和赖运阳同学在比赛结束后的感言：

从一个为比赛而努力学习汉字的孩子，变为一个因为喜欢而努力学习汉字的孩子，这或许才是汉字听写大会这种赛事最终想要达到的目的。知之者不如好之者，好之者不如乐之者。听从内心的声音，才能走得更远，仿佛能看见未来的汉字大师、国学大师、文化大师从天外的校园中，快乐而从容地走向世界，走向未来。

对我来说，在天外最大的变化就是变得懂事许多，现在，已经不会像以前一样动不动就激动起来。同时，我也没那么腼腆了，现在与老师的交流也比以前更多更主动了。

最主要的方面，可能是对汉字的理解加深了。从初一开始，我就想参加汉字听写大赛，当时没入选的我十分沮丧，于是奋发图强。在学年末的年级汉字听写大赛中，我拿到了全年级第一名。但我并没有特别激动，觉得也没什么大不了。

暑假时，我看了《汉字营英雄》，被那些汉字先生解释的汉字词意给吸引住了，他们不仅会介绍汉字的来历和道理，还会不断强调学好汉字的重要性，让我受益匪浅。从那时开始，我便真正爱上了汉字，不会像以前一样只是为了比赛而努力了。

——胡浩捷

汉听是一次艰苦卓绝的旅行，是一次在沙漠中的长途跋涉，处处是考验。在旅途中，有不安，有紧张，也有小确幸。

离区初赛只剩下屈指可数的五天了，老师发了一沓厚厚的资料。我很清楚，我的期中考，我的学业，我的周末，没了。汉听曾是我梦寐以求的事情，但此时此刻我竟想逃离舍弃。

两天的晚自修被不断地复习、听写、改错消耗殆尽。十一点多才做完作业，躺在床上，感觉当年的梦想有点难以为继。然而，我又想起“不忘初心，方得始终”这句话，想起老师们对我寄予的厚望，想起同学们的满脸羡慕。也许，他们也对我寄予厚望，希望能因我而自豪，希望我能完成他们无法做到的事情……于是，我又找回了对汉听的热爱。

区初赛是我们“小试牛刀”的第一次检验，难度与我想象的完全不同。台上主持人的话像外星语一样，我什么也听不懂。极度紧张的大脑似乎停止了运行，我只能蒙一下，猜一下，在草稿纸上写个大概，就照抄了上去。我想，我就快要成仓颉了吧。我会是那个拖后腿的人吗？紧张兮兮地握着笔，我想写出几个字，哪怕似是而非也好。

结束之后，我竟写出了其他人都没写出的两个词。“虽然是猜的，但猜得很有水平啊!”听到这样“似夸非夸”的赞赏，我笑了。

市赛的初赛和决赛都在同一个下午举行。上午，我十分投机地翻了下字典。下午的初赛一如既往地难，我也一如既往地蒙，但我已经有了蒙对的底气。到最后一个词的时候，我战栗了一下。这不就是上午翻到的词吗？我内心一阵狂喜，还忍不住窃笑起来。哈！真是上天保佑！我飞快地写下，一脸得意。

决赛时，我又开始紧张了，还紧张得厉害。坐在答题的椅子上，感觉连空气都像有千钧之重。我低着头，紧盯着平板电脑，不敢看老师，不敢看同学，不敢看主持人。我咽了咽口水，舒一口气，调整了一下坐姿，对自己说“不必担心，会走运的”。这时，主持人说了一个词。我又舒了口气，我知道这个词，于是很有把握地提起笔等待田字格的出现，一脸胸有成竹的样子。我果然对了。接下来，我再没有抖过，直到最后我们顺利地夺冠，才激动得有点发抖。

这一个月的努力，终究没有白费。老师说，省赛从下学期开始，我又舒了一口气，心想，可以休息一阵子了。到达绿洲，不代表我们放弃征服沙漠的旅程。沙地上前人的脚印提醒我们还没创造新的纪录。我们怀有足够的自信，也认识了自己的能力。既然选择远方，便风雨兼程。

——赖运阳

在校内，为了让更多的孩子能深入感受汉字的魅力，天外自建校之初就开设了书法课程。每周二、周四是硬笔书法的上课时间。天外还多次请来著名书法教育专家、“全国书法教育十大名师”胡一帆教授等为天外全体师生开设书法指导讲座。此外，天外还举办规范汉字书写大赛等活动。这些活动，增强了学子们对汉字的书写兴趣，丰富了他们的课余生活，也给喜欢书法的同学提供了一个展示才华的平台。

在第八届广州市中小学规范汉字书写大赛中，天外学子赵淑晶、邓之聿获得“中学硬笔组”特等奖，图5－2为邓之聿书法作品。《现代中小学生报》“明日之星”第3686期A1版《写字有乾坤　硬笔可生花》中，报道了他们学习书法的故事。

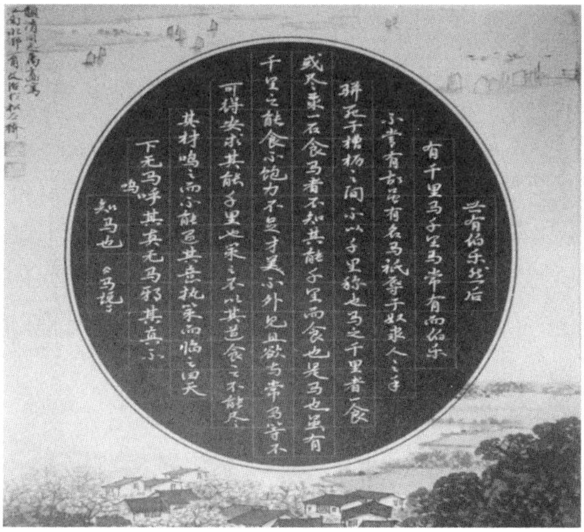

图5－2　邓之聿书法作品

从对爱好的坚持，到对汉字的执迷，从听写大赛，到书法艺术，天外学子涉猎广泛，追求不懈，追求卓越。青春，洋溢着热情。梦想，在心中扬帆起航，而撑起那远航之帆的，正是天外。她守护着一个孩子的梦，发掘每一个孩子的天赋，为学生的个性发展与健康成长保驾护航。

三、创新思维活动融合

在世界舞台上，中国越来越多地发挥作用。为迎接国际化的挑战，中国青年也应做好充分的准备。了解社会才能思考社会，了解世界才能思考世界。天外鼓励孩子们参与各种国际性的比赛，让孩子们在比赛中得到锻炼，学会从不同的角度进行思考，创新思维模式，进而能够在天地之间自信地“闯荡”。

DI创新思维大赛是一项国际性的培养青少年创造力的活动，它关注的是创新、创意问题解决和团队合作的过程，给参赛者提供了一个广阔的想象和创造的空间。每年5月，在DI协会总部——美国新泽西州，都会举办DI创新思维大赛全球总决赛。

与传统意义上的比赛不同，其参赛题目没有统一固定的答案，只是设置一个“目的地”。在老师和家长的引导下，参赛者自主设计活动方案、情节、制作工具，通过团队合作到达目的地。

DI创新思维大赛要求学生为目的地搜集相关的社会科学、自然知识，自己动手制作各种装置，用废旧物品制作道具、服装等，最后，还要根据比赛内容排出一个小品进行展示。在比赛过程中，它考察的是参赛者的发散性创意思维能力、即时应变能力、知识应用能力、时间管理能力、成本控制能力以及团队合作能力。

充满创造力和快乐性的DI活动，像一股清新的风吹到全国的校园中，也吹进了天外的校园中。从2012年建校开始，天外就积极地参加DI创新思维竞赛。

2012年11月，天外派出两支代表队，参加第六届“广东省DI创新思维竞赛”，分别获得一、二等奖，学校也由此获得优秀组织奖。12月7日，在山东滕州举行的全国赛中，这两支队伍力压群雄，分别获得初中D组全国一等奖（全国仅2名）和C组三等奖，其中“造梦团”队还获得了美国总部举办的DI创新思维全球总决赛入场券。

2013年11月，在第七届“广东省DI创新思维竞赛”中，天外的三支代表队，分别获得两个一等奖，一个二等奖和文艺复兴奖。12月6日，亚太区DI创新思维竞赛在北京举行，天外的两支代表队均获得二等奖。其中，李祯同学、万如峰同学，以优秀的DI成绩及综合素质获得DI全面发展奖学金（共10个名额）。在这一年新设的“美国《国家地理》特别挑战”项目中，天外代表队在7支国外队伍和33支国内队伍中脱颖而出，获得全场唯一的“《国家地理》挑战特别奖项——达·芬奇奖”。

2015年11月，天外第四次参赛，三支队伍全部晋级12月份的亚太地区北京邀请赛。在接下来的中国区总决赛中，“头脑特工”队获得初中组D题全国一等奖（全国仅3名）和特别极限挑战全国三等奖，并成功晋级在美国举行的DI创新思维全球总决赛赛。其他两支队伍获得全国三等奖。

2016年6月14日，在DI模范学校夏季培训会议上，天外被DI中国区授予“DI模范学校”，成为广东省第一批被授予该称号的学校。这些成绩，是对天外创新思维课程最好的回馈。但令天外人最开心的，还是看到孩子们在课程和比赛中的收获。在2016年“广东省创意机器人大赛”天河区赛中，苏育鑫同学、李金东同学荣获高中组一等奖，刘胤希同学、蓝园同学、黄剑乔同学、黄浩钏同学荣获初中组一等奖，指导老师何鸿燕也因此荣获高中组优秀指导老师称号。参加各种富有挑战的比赛，天外学子不仅获奖连连，而且感悟多多。下文列举宋天惠、杨思远和刁冠东三位学生的感悟。

初中时懵懂的我，怀揣着一颗充满好奇和热情的心，参加奥林匹克头脑大赛和DI创新思维比赛，沉浸在与伙伴们共同努力、不断创新、攻克难关的快乐中。那时，我第一次真正亲身体验到创新的力量。同样是用吸管运送木条，不同的结构，就会有不同的运送方式，亦有不同的运送效率和失败概率。于是，结构上的创新设计就成了最为关键的一环。

——宋天惠

天外鼓励学生大胆走出校门，积极参与社会活动和实践，展示自己的才华。2015年底，我和五个小伙伴组队报名参加了“DI创新思维大赛”，我们花了半个学期的课余时间，设计方案和情节、制作道具，反复的训练让我们懂得什么叫团队精神，就是要将个人的能力，快速转变成为团队“新、奇、特”的合力。功夫不负有心人，我们从区赛、市赛到省赛，一路高歌，终于打进中国区总决赛，最终荣获一等奖，获得代表中国区参加全球赛的资格。

——杨思远

通过努力，在广东赛上，我们拿到了一等奖和达·芬奇奖，获得了通往北京参加全国赛的机会。在北京，我们面对众多强劲的参赛队伍，靠着老师的指导和团队的实战能力，一路过关斩将，再次获得了一等奖。我们用天外人的创新思维和能力，再次叩开了全球DI总决赛的大门。

通过这样的比赛，我们为学校争光，让天外这个名字更加地响亮。同时，在比赛中，我们得到了锻炼，学会了与他人沟通，与别人协作，学会了各种实用的技巧，学会了独特的高效思维方式和创造性处理问题的能力……

正是因为学校重视素质教育，才能让我们在大多数人中大放异彩，才让我们学到了更多别人学不到的东西。

——刁冠东

天外，这间坐落在珠江新城的新学校，不仅用优异的成绩打响品牌，也注重孩子全面素质的培养，注重持续提升他们的科技创新能力，让他们拥有良好的公民素质，具备开阔的视野、真正的创新思维、卓越的创造能力。

四、高中与大学衔接活动

天外扎根于天河区域特色，不断地努力挖掘和整合校内外课程资源，并把握住和雅课程建设的契机，携手国内优质的高校资源，为学生在高中阶段的和雅特色课程提供了出口的衔接通道。目前，学校已分别与华南师范大学、华南理工大学、暨南大学、广东外语外贸大学签订了共建和雅特色课程和优质生源基地协议，并与中山大学国际翻译学院、华南师范大学外文学院签订了共建外语特色课程的协议。同时，邀请高校教授来校指导，如我国著名的数学家张景中院士来校开设主题为“思维与漫谈”的讲座，华南师范大学心理学院的陈琦博士开设主题为《人工智能时代漫谈——人机围棋对弈有感》的讲座。部分学生进入华南师范大学物电学院、暨南大学物理学院先进的实验室参与课题研究，这为学生的“和雅”课程提供了实践基地，开阔学生视野。学校开展的和雅大讲坛活动部分列举如下表。

表5-4　和雅大讲坛活动一览表

专家及主办单位介绍	讲座内容
陈琦（华南师范大学博士生导师，人工智能研究领域专家）	人工智能时代漫谈
张景中（中国科学院院士）	思维与创新漫谈
廖文（华南师范大学教授）	新时期中国青年的历史使命
姚博士（暨南大学物理学院）	全国奥林匹克信息技术竞赛
周会长（广东省头脑奥林匹克协会）	筹备首届广东省头脑奥林匹克竞赛活动
Mr. Gavin Biggs（剑桥大学出版社教学顾问）	英语视频教学
温东瑜（广雅中学老师、广东省中小学英语演讲比赛资深评委）	广东省中小学英语演讲比赛培训“How to Stand out in the English Speaking Competition”
赵福利教授（广州市资深的科技创新大赛专家评委、中山大学物理学院博士生导师）	以广州塔为例给初高中的学生介绍“LED布光工程”
纪立校长（雅思考试专家，长期研究雅思和托福考试）	雅思、托福如何助力我们走向世界
李田（中山大学附属第三医院）	青春期生理卫生——女生篇
龙军标教授（广州市黄埔区疾病预防控制中心副主任）	开设“学校传染病的预防与控制”的双语讲座
天河区文化广电新闻出版局主办，天河文化馆	罗宾汉（Robin hood）英语戏剧

五、国际组织活动融合

随着我国扩大对外开放，急需培养通晓国际规则，能参与国际竞争的人才。天外紧随新时代发展需求，培养学生的国际视野和跨文化交际能力，助力世界公民教育实践。联合国作为国际组织，对世界发展影响甚大。下文将主要以模拟联合国（Model United Nations，简称模联（MUN））为例子进行分析。模拟联合国是一项对联合国大会和其他多边机构的仿真学术模拟，是一种专为青年人组织的公民教育活动。

原联合国秘书长科菲·安南在一封致模拟联合国大会的贺信中说："联合国依靠世界上每个人的努力而存在，尤其是像你们这样的青年。这个世纪，不久就会是你们的。"年轻人是未来决策的制定者。模联就是这样一个活动，让青年人的领袖才能得到锻炼。模联活动源自美国，风靡全世界。自 2001 年以来，模联走入中国并迅速发展，成为许多大学生和高中生倍受欢迎的活动。

在活动中，青年学生们扮演不同国家的外交代表，在主席团的主持之下，通过演讲来阐述观点，为了"国家利益"辩论、磋商和游说。没有调查，就没有发言权。为了最大限度地争取"国家利益"，代表们需要在赛前进行大量且深度的背景资料搜集，会场上需要书写大量文件、听取发言、阐述观点。这些都对学生的语言和写作水平提出了很高的要求。

2016 年 12 月 16—18 日，天外模联派出 5 名代表，参加 NHSMUN 2016 年广东省模拟联合国大会，经历了为期 3 天 5 场会议的激烈磋商、讨论。在 300 余名来自广东省各地优秀代表的激烈角逐中，天外获得了一名二等奖（一、二、三等奖总获奖人数 15 人）、两位杰出代表（总获奖人数 14 人）以及最佳团队奖（总获奖队伍数 2 名）。在 2017 年广东省中学生模拟联合国大会中，天外代表队 12 人全部晋级复赛，既有中文组，又有英文组。天外的模拟联合国社团虽然成立时间不久，但模联社成员的知识水平、逻辑思维、中英文表达能力、自学和合作能力得到了组委会的高度评价与肯定。

除了加强校内模联社成员之间的沟通交流之外，天外也注重吸收外来经验。一方面，天外邀请中山大学模联的主席和骨干来与同学们分享、交流经验。另一方面，天外积极组织成员参加广州市广雅中学、广州市第六中学、广州市第二中学等学校举办的模联会议，在实战中提升自己的参会能力、扩展知识水平，同时学习兄弟学校的模联经验，兼收并蓄。

天外模联在成立半年后，2017 年 5 月 1 日，以"模联带来蜕变　让世界听见你的声音"为主题，举办了第一届"和雅天际"Skyline 模拟联合国校内会。这是天外模联第一次自主筹办校内模联会议，并吸引了全校初高中 80 多位同学，还有广雅中学、广州市第六中学等校外同学参与，打破了校门藩篱。

这次会议分三个会场：联合国安全理事会的叙利亚危机会议、联合国人权理事会的青少年性别平等会议、历史委员会的 1991 年马德里中东和会。参会代表经过整整一天、三个会期的学术争辩，最终每个会场商讨并通过一份决议草案。

会议的精密筹备均由高一模联社学生完成，从背景文件的撰写，到会议流程的安排、方案撰写、物资准备、人员落实等，模联成员通力合作、集思广益、高效执行。在这次不简单的活动中，学生真正地体验了模拟联合国，用国际眼光来思考问题、讨论问题，展现个人能力，培养团队精神，同时也提高了谈判技巧和外语表达能力。

一个新生的社团，诞生在一个新学校，带来了全新的理念。天外模联社团自 2016 年 10 月创立以来，一路摸索，一路前行。2017 年 5 月，天外第一次举办校内模联会期间，社员和老师们一直精心准备，克服各种“第一次”特有的艰辛，付出了无数的心血。在天外 Skyline 模拟联合国校内会的闭幕式上，作为学校模联主席的吴正熙同学感慨万千。

我第一次接触模联，是初三暑假时在 Washington D. C. 第一次坐在圆桌会议室，听着来自美国、英国、哥斯达黎加和墨西哥的代表们慷慨陈词，看着他们激烈争论巴以和平，莫名地有些感动，仿佛自己站在世界的中央，全世界的目光就聚焦在那里，全世界都在倾听我们的声音。是什么如此打动我？是自由民主的魅力，是平等包容的政治文化，抑或是模联活动本身？我不知道，或许都有吧。从那以后，我又有幸地屡次和模联打交道，最终成为天外 Skyline 模联的理事长，也算是一种缘分吧。通过自身的经历，我确信，模拟联合国是一项能充分提升公民社会责任感和综合能力的活动。

今天，看到代表们在电脑前推敲文件的内容和措辞，在会场上慷慨陈词，传播着对平等、自由与和平的热爱，在合作或冲突中流露出对人类普世价值的坚定信仰和对捍卫人类尊严的执着，我热血沸腾。《少年中国说》中提到：少年强，则国强。谁是少年？我们即是少年！看看在座的各位代表，中国的未来在何方，便可以略知一二。

政治绝不是少数精英的游戏。它必须是一个生态，这个生态由多物种组成。物种越丰富，生态越健康。参与的人越多，就越能做到共荣共存、相互依赖。若没有公民思考和辩论公共事务并承担责任，民主将无从谈起。我们的民主走向何方，取决于每一个公民，每一个关注时事并乐于思考和辩论的公民；每一个站起来对抗不公或不平等的公民；每一个反对教条、支持理性和批判性思考的公民；

每一个反对专制独裁、支持民主的公民。独裁者、贪污腐败者和玩弄权术者，或许热切地希望我们都是对社会和政治毫不关心的人，这样，他们就有机会撺掇人民主权，肆意破坏民主。但我们用实际行动证明，我们不是。

在座的各位将来都是社会的栋梁。愿各位不要忘记，2017 年 5 月 1 号的这一天给我们带来的宝贵财富：这是一种信念——真诚和才华定能改变世界。我们相信，这个时代、这个世界，能变得越来越好。或许这只是理想主义，但今天，就让我们都成为乐观主义者，相信吧，美好的一切都将通过我们的努力实现。

社会问题远比学校面临的问题更复杂，要求学生们去分析、去质疑、去建立对复杂问题的思考和判断能力，借此了解政治，了解世界，这正是参与模拟联合国活动的精髓。青少年渴望拥有话语权，对参与国际重大事件具有强烈的兴趣，模联和各项时事竞赛正是让学生展示自我的平台。它们使学生学以致用，打破学科边界，对知识进行融会贯通，深入思考课本上一笔带过的事件，对深度理解知识，锻炼学生的组织能力、团队协作能力等，有着课堂无法替代的功能。

另外，学校融合各种校内外资源，开展各种学生活动，积极推动学生“和雅”理念和行为的培养。比如，开展了“让沙井盖成为学校最美丽的地方——天外沙井盖绘画比赛”“天外生涯体验课程之珠江啤酒”“国际志愿公益项目”“绿色力量保护水资源环保项目”“iGift 和雅文具店项目”“快乐节”“无人机创客课堂”“松下摄影讲堂”“卡灵顿足球嘉年华”“生涯体验课程”“亲子活动”“家校活动”“领袖风采”策划课程等活动。

总而言之，在活动资源融合方面，天外开展了覆盖学科广、丰富有效的国际交流活动，推动了学校国际化建设的进程。为了更好地深化国际交流形式与内容，学校国际交流和外事活动逐步向课题化和主题化方向过渡管理。交流主题化推进日益明显，除了常规的世界公民课程外，英语音乐剧社的设立很好地融合了艺术与语言文化，也为学校英语、艺术跨学科交流备课教学提供先例；为期 3 天的以篮球运动为主题的姊妹学校夏令营活动更是彰显了体育与中国文化的主题；以美国十项学术全能比赛的学术主题活动使学生不仅收获了数项学科银牌、铜牌，同时更是开阔了国际视野。

第四节　教材资源融合

一、英语特色教材资源

教材融合资源方面，把新课改和学校“和、雅”的教育思想有机结合起来，不断深化校本教材的开发和研究加强学校课程体系的构建，初步建立规范化、多元化、特色化的课程体系。其中，天外高中部主要使用人教版国家通用教材、21世纪报（每周一节）、*LOOKHEAD*（配套教材），初中部主要使用《典范英语》（初一）、*READINGSEED*（初二）、*Interactive*（初三）。这些是天外课程教材中最主要的英语特色课程教材资源，是中外课程融合的基础教材资源。为提高学生对英语文化的理解和英语口语水平，天外还开设外教口语课程，并使用英国剑桥大学出版社原版教材。

二、中外融合类校本教材资源

目前，天外中外融合类特色课程主要有创新思维课、演讲与口才课、经典教育课、天外之音课等，这些课程已逐步形成体系，已经整理编辑并出版了校本教材。目前，学校的文本资源主要包括自编、选编和选用教材（表5－5和图5－3）。2012年12月，剑桥大学出版社教研人员来我校针对国外原版教材的使用，与我校教师进行了深入的探讨，对教材的整合与课堂活动的开展带来了新的启示。

表5－5　学校文本资源（教材）表

资源	分类	名称
文本资源	自编教材	《和雅养成教育》 《创新思维》 《经济教育》 《天外之音》 《中学生生涯规划》 《世界公民》
	选编教材	《文学写作》 《我是演说家》 《微积分预备》等

续表 5－5

资源	分类	名称
文本资源	选用教材	《论语心读》 《中学生法语》 《德语强化教程》 《大家的日语》等

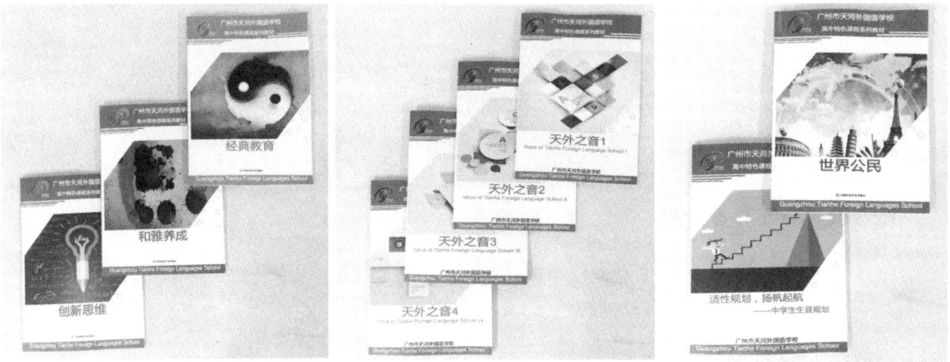

图 5－3　学校自编校本教材

此外，天外自编的特色课程教材还有：专门讲述“和雅”的《和雅的内质与外延》《和雅养成手册》，针对创造力培养的《创新思维训练游戏》，提升英语素养的《英语课本剧》，传承中华文化的《书法》，针对未来人才所需演讲能力的《演讲与口才》。天外选编教材主要有《经典教育》等，还有选用教材《论语心读》《高中生生涯规划导航》《世界礼仪手册》《国际理解教育读本》等。

三、第二外语教材资源

为做强外语特色，提高学生的国际理解力和文化包容度，学校除了开设英语特色课程，还有针对性地开设了法语、德语、日语、西班牙语四门小语种选修课程。为适应第二外语教学的需要，天外配有第二外语专用室，并购置大量外文图书，供学生借阅。天外第二外语教材使用情况如表 5－6 所示。

表 5-6　天河外国语学校第二外语教材使用情况表

法语	教材一：《中学生法语 1》（*Le français pour les ados* 1） 教材说明：从中学生的认知规律及知识体系构建的实际情况出发，根据法语语言本身的特点，编写了以口语交际为主的内容，多为短小精悍、生动活泼的情景对话，在反映中学生日常生活的同时，强调法语的交际功能以及法国文化在语言学习中的重要性。教材的主题选取及内容编写由浅及深（对话用语，语法），由己及人（衣食住行，社会交际），由内到外（国内，国外生活），由日常生活到涉外活动。 教材编排均衡安排听、说、读、写四部分，鼓励采取学生自主探索学习、教师启发引发的方法，充分发挥学生的主观能动性，挖掘学生潜能。 教材二：*Le Français*（法语　修订本） 教材说明：此书是一套系统的法语书籍，全面介绍了法语知识，包括发音、语法、文化、阅读等各方面，其结构严谨合理，不失为一本成功的法语教材。这套教材最大的特点是新颖、活泼，无论在课文选择，还是在练习编排和注释等方面，都创造了新的风格和体例
日语	教材一：《みんなの日本語 1》（《大家的日语 1》） 教材说明：《大家的日语 1》是初级的日语教材，适合日语初学者使用。此教材包含大量的地道日语会话，反映了日本风貌和日本人的社会生活及日常生活，以提高学生会话能力为主旨。 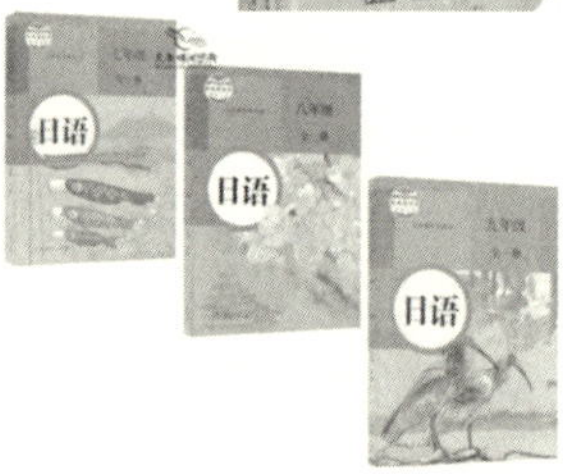此教材以会话和句型练习为主，配合学生辅导用书使用最佳。学生辅导用书有课文单词、句法解释及课文翻译等，帮助学生学习语法相关知识。另外，网上可下载每课的会话视频，生动有趣，有助于学生愉快地学习。 教材二：人教版课本教材教科书之初中日语 教材说明：此教材是外国语学校的小语种班（日语）专用教材，此套教材提倡使每个学生都有所发展、强调通过激发兴趣掌握日语知识的技能。本套教材力求文字表述通俗、准确、生动，便于学生自学。同时，教材精选基础性强的，学生感兴趣的，贴近学生现实生活的和对学生有用的内容和话题，以活泼的呈现方式激发学生的兴趣，教学活动等尽量多样，使每个学生都有所发展

续表 5－6

西班牙语	使用教材：《走遍西班牙》 教材说明：《走遍西班牙》系外语教学与研究出版社从西班牙阿纳亚出版集团引进的一套原版教材。作为一套由西班牙专家编写的供外国人学习西班牙语的教材，该书的特点在于依托于目前国际外语教学方面流行的交际教学法，通过色彩缤纷的图片、丰富多样灵活生动的练习以及与老师、同学的互动交流，全面训练学生听、说、读、写各方面的能力。同时由于该书内容贴近现实生活，而且每课课后还有专门的文化点滴，使学生能够现学现用，并且在学习语言技能的同时增加对西语世界的了解
德语	教材一：《德语综合教程》 教材说明：《德语综合教程》由上海外语教育出版社出版，每单元均由引子、课文、句型、词汇、语法、各类练习、单词表等部分组成。在题材选择上，既满足当代青年的兴趣爱好，又体现德国文化精神；在教学理念上，融传统教学法和现代教学法为一体，博采众长，相得益彰；在练习编排上，充分考虑基础德语综合课的功能，形式丰富多样，逐步培养学生德语听、说、读、写、译的语言技能，同时注重培养学生的跨文化交际能力；各单元欧洲文化名人的格言可拓宽学生的知识面，书中穿插的经典德文歌曲能激发学生的学习兴趣。 教材二：《快乐德语》 教材说明：《快乐德语》是一套理念新颖、特色鲜明、配套齐全、适合我国青少年读者学习的立体化德语教材。全套教材共分五册，每册均配有学生用书（附 CD）、练习册（附 CD）和教师用书。每级还配有 DVD 光盘和学业测试。学生学完第一、二册，可达到“欧洲语言教学与评估共参框架”的 A1 级；学完第三、四册，可达到 A2 级；学完五册可达到 B1 级。 教材三：《新概念德语第一册》（*Neues Konzept für Deutsch*） 教材说明：主要教授德语基础知识，兼顾训练各种语言技能，旨在打好语言基础，掌握听、说、读、写、译的基本技能。本书版面设计新颖，图文并茂，取材时新，率先采用了“新正字法”，编录了德语语言国家最新事件和重要题材的内容。其中除课文、语法和练习等教学主干外，还配有大量选自原文的听说和阅读材料，而且这部分都配有参考译言语，便于读者自学

第五节 文化资源融合

课程文化融合资源方面，要培养和雅君子、世界公民，首先就要营造自主、开放、包容的校园文化，把教师和学生导入主动发展的轨道，努力培养学生的创新精神和实践能力。

一、地域文化资源

天河外国语学校高中的和雅特色课程，是在地域文化和学校核心文化的基础上提炼出来的，是“和雅君子、世界公民”办学理念的具体实践。学校通过高中和雅特色课程的构建，沉淀学校文化，凝聚师生共识，形成文化自觉。从地域文化角度讲，作为一所特色鲜明的外国语学校，和雅特色课程的提出，与广州、天河区显著的区域特征是分不开的。自古以来，广州以开放包容的城市品格，“和而不同，兼容并蓄”的多元文化价值观来接纳来自世界各国的文化。广州市天河区特质中的开放、包容、融合，恰恰是和雅特色课程中倡导的对待事物要有“和而不同”的气度与眼界，增强学生的和雅意识，认同多元文化。

天外身处地域资源丰富的 CBD，可以保障和雅特色课程的实施。天河区政府对天外的重视，加之学校周边的高校、科研院所、文化场馆、各国驻穗领事馆、500 强企业等各种社会资源，均为天外研发和雅特色课程提供支持，给天外学子的活动提供了好去处。

（一）艺术建筑文化资源

以天外校址为圆心，以 3 千米为半径，在这样的一个圆中，潜藏着丰富的文化资源。

从天外向东出发，沿海安路，仅需步行 6 分钟便可到达红线女艺术中心。红线女是粤剧艺术的一代宗师，其艺术作品代表着当代粤剧旦角艺术的最高成就，被誉为岭南文化瑰宝。走进红线女艺术中心，可以切身感受粤剧艺术家独特魅力，感受中华优秀传统文化的博大精深。

从天外向西出发，离学校 2. 3 千米的地方，在珠江新城中心南部，是广东省最大的综合性博物馆。在广东历史文化陈列展厅中，同学们可以深入了解广东的发展历程。在自然资源展馆中，同学们可以吸收大量的与自然地理相关的知识。潮州木雕艺术、端砚艺术都会给人以触动，以启发；历代陶瓷的展览，涵盖了从新石器时代至清代各个时期的陶瓷艺术品。广东省博物馆为天外学生学习中华传统文化和历史地理，提供了实践基地。

与广东省博物馆相邻的是广州图书馆。现在，天外已经成为了该馆的图书流通点，可以引入该馆各行业各类的专业讲座。

在广东省博物馆对面，坐落着广州最著名的地标建筑——广州塔。塔中的广州历史文化民俗展览馆，讲述了广州2000多年的历史和风土人情。在科普游览厅中，有六大环保科技系统——全球首创的主被动混合控制的减震控制系、雨水回收系统、风力发电系统、太阳能光伏幕墙系统、结构健康检测系统和超级双层轿厢高速电梯。对于正处于探索世界的中学生而言，这些文化资源都让他们受益匪浅。

（二）高校文化和科研资源

天河区是广州市的人才大区，高校林立，科研院所密集。在天外的东北方向，距离天外1.4千米处，有暨南大学；距离天外2.4千米处，有华南师范大学；距离天外4.2千米处，有华南理工大学；距离天外4.0千米处，有广东省农业科学院；距离天外4.4千米处，有华南农业大学。

在天外以北，4.2千米处，有工业和信息化部电子第五研究所；以西，6.0千米处，有广东建筑文化遗产保护研究院。

2016年2月21日，天外与广东外语外贸大学举行课程共建暨优质生源基地揭牌仪式，揭开天外与高校探索“衔接高中与大学人才培养阶段交流、合作”的序幕。广东外语外贸大学是华南地区国际化人才培养和外国语言文化研究的重要基地，也是向联合国提供高端翻译人才的全球19所大学之一。此次签约，是广东外语外贸大学首次在基础教育领域授予“优质生源基地”并携手共建特色课程，打破了中学与大学资源开发与流动的传统壁垒，创设了资源开发与流动的绿色通道，形成了联合开发课程、送课到校、师资共享、师资委托培训等一系列课程共建共享的新模式。

除此之外，到目前为止，天外还与国内顶尖高校开展了其他合作项目，详见表5-7所示。

表5-7　天河外国语学校与国内顶尖高校合作项目一览表

高校名称	合作项目
清华大学	CAP课程、走进清华项目、自主招生
北京大学	AC课程、自主招生
北京外国语大学	英语特色阅读项目
中山大学	学生走进大学实验室，大学教授担任学生导师
华南理工大学	学生走进大学实验室，大学教授担任学生导师

注：中国大学先修课程CAP试点学校在广东省仅三所：华师附中、珠海一中、天外。

天外还积极打造知名高校的“优秀生源基地”，为在基础学科具有天赋的优秀学生创造进一步发展的有利条件。到目前为止，天外已有高校资源如下：

（1）与中山大学、华南理工大学、华南师范大学、暨南大学、广东外语外贸大学、西南政法大学等高校签订《优秀生源基地建设协议》。下图是倡导共建“和雅特色课程”合作协议。

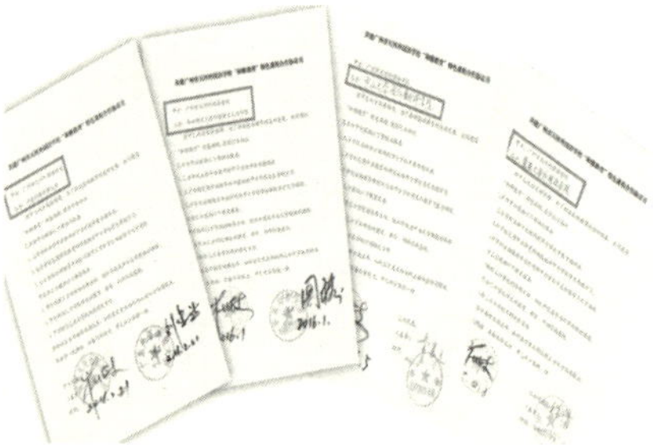

图5－4　共建“和雅特色课程”合作协议书

（2）与高校创建“课程资源共享基地”，已与华南师范大学外国语言文化学院、暨南大学外文学院、中山大学国际翻译学院等国内高校联合开设课程，建立战略合作交流机制，积极开展合作。

（3）参与国内名牌大学的“网络开放课程”，如清华“在线课程”等，达到高校基础课程的远程旁听的效果。

（4）与华南师范大学物理与电信工程学院、暨南大学物理学院合作，走进高校实验室参与课题研究。

（三）外交机构领事馆资源丰富

多国驻广州总领事馆毗邻天外。如德国驻广州总领事馆，在天外以西约1.8千米远。美国领事馆离学校约2.1千米远。他们每学期都会派外国专家来天外进行访问，为天外提供外事文化交流的机会。

此外，天外还积极与法国领事馆文化交流处、日本领事馆文化交流处和德国歌德学院等文化部门联系，为学生搭建平台，促进交流。2013年—2014年，美国驻广州总领事馆、法国领事馆文化交流处多次派专家来天外开展讲座，进行文化交流活动。

2016年4月15日，天外雅趣楼四楼舞蹈室迎来了三位不一般的舞者——Michelle Pearson，Ronald West，Kathryn Auman，他们均来自美国的黑盒舞剧院。这是天外与美国驻广州总领事馆新闻文化处共同发起的一期舞蹈工作坊活动。天外一直与各国驻穗领事馆和海外学校保持着合作与交流，为培养学生的国际视野和创新能力搭建平台。

（四）社区家长资源和专家团队资源

天外被高档社区所环绕，社区有许多优秀人士。优秀的家长们，也是天外的资源之一。供职于中山大学第三附属医院的张旬智家长，参与了天外的青春期教育课程。供职于广东金融学院的李昌文家长，参与了天外的《学会合作》的课程开发。供职于暨南大学物理学院的杨思远家长，指导天外学生开展物理竞赛。作为航天员的邹开源家长，为天外带来《从航天航空看团队合作》的专题讲座。

天外还请来专家团队来为学校的发展助力，他们主讲了各自领域的专题，如中国科学院院士张景中的《数学与生活》、天河区文联副主席李少玲的《中西文化教育》、广州市头脑奥林匹克协会会长杜赧的《科技创新大赛/OM 比赛》、广州市天河区教育局原局长柳恩铭的《论语心读》、南方医科大学公共卫生学院主任李凌的《交友与处世》等。

天外整合区域公共资源，创建特色课程的校外实践活动基地。珠江新城内林立的跨国企业，在假期成了学生进入各行各业深入开展研究性学习、志愿者活动和学业职业生涯规划课程的好去处。

二、校园文化资源

从学校定位讲，广州市天河外国语学校创办于 2012 年 3 月，是一所立足天河、服务广州、辐射广东的区属公办全日制、寄宿制完全中学。学校文化围绕学校理念和定位而展开，在创建时期，广州市和天河区的优质教育资源已比较丰富，格局也基本形成。学校从自身定位出发，依据当代广州人的时代精神特征和价值导向、天河区域的民俗积淀和文化传承、本地域的社会需求和学生特点，反复研讨论证，对学校办学理念、定位、思路进行了系统的、科学的顶层设计，确立了“和雅君子，世界公民”的办学理念，提出了在高点上起步，以质量求生存，以小班教学、国际接轨等特色求发展的办学指导思想。和雅特色课程的确立与课程核心词汇“和雅”二字紧紧围绕着学校的办学理念，以课程的形式具体地呈现学校的育人目标。天外校园内一切有形的文化资源都为和雅特色课程建设奉献着自己的力量。

一是图书馆。天外的图书馆占地面积 380 多平方米，藏书 45000 多册，电子图书 6000 多册，杂志 100 余种，信息点 960 个。图书馆专门开设了外文阅览室和科技电子阅览室，购置了一批外文读物和参考资料。多媒体阅览室还收录了一批外文声像资料和多媒体资料，学生和教师在这里可以自由上网浏览，及时汲取国际教育和文化领域的优秀成果，开阔视野，为进一步成为兼容并包的世界公民，奠定意识、精神、文化基础。

二是校园网。科技的日新月异，为学校开创资源带来了许多便利，通过构建网络系统，也便于管理。天外建有校园网络系统、数字监控系统、闭路电视系统、信息发布系统、数字广播系统、校园一卡通系统等。这些校园网络，为天外教学、科研，为学生的便捷生活打造了先进的信息化环境。

三是功能室。天外校园面积虽然不算大，但“五脏俱全”，有各种先进的设施设备配套的教室：物理、化学、生物实验室，科学实验室和科学探究室，综合实践活动室，美术室，舞蹈室，健身室，微格教室，通用技术室等。这些功能场室，为天外创造性地实施国家课程和地方课程，提供了有力的支持。在辅助特色课程方面，天外有欧陆风情街、国学文化长廊、国学大厅等。学生们在这些功能各异的场室内，开办活动，触摸世界。

随着新时期教育扩大对外开放和“一带一路”的发展，学校将着眼于海上丝绸之路文化，深化特色课程，增强世界文化的内涵性和包容性，同时，立足大学科教育视野和真实的教育活动场景，融合各种学科文化特性，使“和雅君子、世界公民”贯穿于学校文化、教师文化和学生文化中，探索并建设支撑“和雅特色课程模式”的文化环境。

此外，学校大力整合各类教育资源，构建多维资源体系，打造全方位的教育生态。与广州图书馆、暨南大学学生会、广东外语外贸大学学生会、中大社工冼村服务中心、冼村街道办文化站、红线女中心等单位和组织建立了长期合作共建关系，为学生提供服务、课程、活动等支持。以“中学生生涯体验课程”为代表，为学生开发了一系列课程群，以平均每周一次的频率为学生提供讲座、在单位和企业参观的课程，如环境保护课程、社会企业家精神课程、辩论赛课程、流行舞蹈课程、戏剧课程、摄影课程等。学校还开展了丰富多彩的社团文化，让每一个孩子们都能找到和自己兴趣爱好相同的玩伴，增强归属感，让孩子们更喜欢自己学校的文化。一学期之内，学生注册社团达到50多个，优质社团增加5个。其中，和雅文具店、美食社、航拍社、舞蹈社、极视天外影视社、辩论社、天外志愿者服务队、军事社、咏春社等社团自主管理水平高，开展了不少有意义的活动，体现了学生社团较高的管理水平。

总之，天外的文化资源融合有助于学校的文化品牌建设。这一文化品牌建设旨在实现“在此独立人格，从此走向世界”。具体而言，要培养和雅君子，世界公民，首先要营造自主、开放、包容的校园文化，把教师和学生导入主动发展的轨道，努力培养学生的创新精神和实践能力。

为了发扬中华民族的诚信精神，学校还提出诚信养成教育，在2012年的第一次家长会上笔者提出“感谢信任，兑现承诺”，以办“高品质、讲诚信”的学校回报家长的信任。另外，诚信作为一种文化深入到学校的每一个层面，天外推行无人监考制度，每个班级都争先恐后成为诚信班级，作弊率几乎为零。外还开展了丰富多彩的社团文化，让每一个孩子们都能找到和自己兴趣爱好相同的玩伴，增强归属感，让孩子们更喜欢自己学校的文化。

广州是一个国际大都市，天河区作为广州经济的核心商务区，急需培养可持续发展、能参与世界竞争的本土国际化人才。天外的梦是“大出”梦：走出天河区、走出广州、走出广东、走出中国、走向世界。梦是高远的，十年、二十年能实现的不是梦，是规划，高远的“大出”梦值得几代人为之不懈付出和努力追求。天外要培养“和雅君子，世界公民”，就是要求学生要深刻理解中华民族传统文化，同时兼具国际视野，积极主动参与未来世界竞争，为实现中华民族复兴梦贡献力量。

第六章　中外课程融合模式之课程评价融合

课程评价融合，强调评价的科学性和多元性。从主体来说，衡量课程评价的效度在于教师主体和学生主体是否取得进步和达到目标效益。课程本体的标准评价与实施的效果评价也是衡量课程评价质量的重要依据。对此，将教师、学生与课程评价有力融合起来，是多元课程评价的发展诉求。

第一节　教师主体取向的课程评价

一、增强教师岗前培训课程

优秀的师资队伍是教育教学质量的保障。一所高起点的学校，必须有好的师资，好的管理，好的领导。为了打造一支优质的办学队伍，使全校所有老师形成一股合力，天外采取了一系列做法。

教师是一份既神圣又特殊的职业，踏上了三尺讲台，也就意味着踏上了艰辛而漫长的育人之旅。每一位老师都需要不断学习提升，在日常生活中不断思考教育教学所遇到的种种问题，并寻找最佳解决方法。

对于天外的教师而言，岗前培训尤为重要。天外是一所非同寻常的学校。首先在于学生，天外的生源优质且整齐，来到天外的老师需要调整自己的教育方式；其次在于课堂，天外采用的是小班化的课堂模式，采取小组合作的教学。如何让 30 人的小班发挥其最大效益，需要老师们发挥自己最大的能力去探究。而这些，也是岗前培训的着力点。

天外的岗前培训中，除了在每学年开学前进行 3 ~ 5 天的集体培训和邀请大学教授、省市区教育科研人员来校开展讲座之外，还经常邀请专家学者对天外教师进行教育教学方面的指导。为了使培训更切合实际，天外更多地是让本校优秀教师来进行培训讲解：天外各部门负责人会分别就德育、教学、人事、后勤、管理制度与世界公民特色课程等做详细介绍；天外经验丰富的教师则作经验分享，突出“和雅教育”特色的学科教学理念和小组合作学习方式及成果。例如，2016 年的岗前培训讲座有：天河区教研室专家的《“互联网 +”时代对教育的启思》，集科研、信息技术与教学为一体；天外廖敏玲老师的《如何让课堂成为学生生命成长的舞台?》；蔡莉玲老师的《基于师生视角的互动教学》；李芸老师的《做中改，改中建——数学“问题引导式”建模过程》；王文琛老师的《英语教学启思》，等等。

经过岗前培训，教师们对天外的办学定位、发展目标、规章制度等都有了全面的了解。更重要的是，通过学习先进的教学理念以及交流与碰撞，老师们的教育教学观念开始发生微妙的变化。一年又一年的岗前培训，已经是天外的传统。在岗前培训中，新教师们聆听着、交流着、思考着、碰撞着，他们快速地融入了天外这个大家庭中，与其他老师一同发展，共同进步。

在笔者的眼中，天外的学生都是非常优秀的，管理好资优生需要有伯乐精神，正如《马说》里讲到，“世有伯乐，然后有千里马。千里马常有，而伯乐不常有。”千里马被伯乐发现，伯乐被谁发现呢？老师是学生的伯乐，而对于老师而言，校长又是他们的伯乐。笔者用“美人之美”的文化理念打造着和谐共进的师资团队。每一位来到天外的老师，笔者都会与他们进行一小时以上的单独谈话。笔者立足道与术的角度，先从教师的思想观念开始，再到推荐书籍及学习方法的指导，并给出暑假的时间，引导老师对教育教学，尤其是新课堂教学模式进行思考，甚至还给老师布置“家庭作业”——写一篇两千字的原创学习心得。

为了打造“美人之美”的教师文化，笔者还让所有的教师每个月发现身边人的三个优点。因为发现他人的优秀，感受来自他人的欣赏所带来的幸福，会让天外的教师彼此更加和谐共处，更加乐意互助合作。一年下来，当老师们发现大家都很优秀时，心态十分阳光，心情十分舒畅。如此，天外教师的生活环境变得简单，整个教师队伍蓬勃向上，形成一种良好的文化，久而久之，就产生巨大的正能量。

每一名真正的优秀教师都来自对教育事业的热爱，对教学的总结、学习，以及对自我的管理。天外的教师不仅要做一名会教学的教师，更要做一名有追求的教师。追求理想，即使现在困难重重；追求信念，即使现在挑战不断；追求境界，即使现在压力剧增。

教师们认真探寻最佳的教育方式，挖掘着教育的本真，紧紧围绕学校的文化、理念和精神，默默耕耘，薪火相传，把建设天外当作自己的事业，用自己的身心呵护天外，他们这种坚持和探索遵循了天外“和雅君子　世界公民”理念，是中外课程融合模式实践的重要保证。有了这样的教师队伍，面向未来的天外教育之路，终会变成康庄大道。

二、提升教师教育教学技能

天外除了注重教师的岗前培训外，还制定多项制度，全程跟踪培养并促进教师教育教学等专业技能的提升。如“青年教师培养三项制度”——专业理论学习制度：听课制度，说课、评课制度。又如，新教师上好“四课制”：上岗课——新教师到校一个月内上一次上岗课；合格课——新教师第一学期后期上一节合格课，也称考评课；汇报课——新教师第二学期上一节汇报课；优质课——新教师第三学期上一节优质课。

为了帮助教师更好地成长，天外积极开展“四项活动”：新老教师帮教结对活动、教师基本功训练活动、青年教师课堂教学竞赛活动、班主任与辅导员经验交流活动。

（一）班主任技能大赛

育人从来不是一个简单的是非判断题，而是充满智慧的辩证法。如何让班级工作多一些新意，少一些随意，多一些灵气，少一些匠气？如何构建宽容、和谐、民主、活泼的班级主旋律？这是班主任育人工作的重难点。班主任作为学校教育工作的第一梯队和主力军，需要不断提高专业技能。班主任，有时是讲师，有时又是心理咨询师，必要的时候，还可能是医生，甚至是保姆。他们无所不知，无所不晓，简直无懈可击。在追求卓越的路上，天外努力促进班主任的专业发展。

2014 年 12 月，天外举办了一场班主任技能大赛。让人惊喜的是，在这次班主任技能大赛中，有些并不担任班主任工作的老师也踊跃地参与其中。这次大赛的重点活动是情景答辩，给参赛的选手一个情景，通常为学生在成长过程中遇到的问题。参赛选手需要对题目进行背景分析，提炼出问题本质，并给出相应的解决方案。案例四是本次大赛初中组案例。

班主任工作是一种教育艺术，它的生命在于创新发展。透过班主任对情景问题的处理方式和解决办法，可以看出班主任的专业理念、教育智慧和育人艺术。班主任是否善于把握教育契机，是否善于化不利因素为有利资源，是否善于利用个别问题来启迪教育全班，是否善于调动班集体的互动影响作用，是否善于把生活事件转化为教育过程……这一切，无不蕴含着班主任工作的育人智慧、创意思考和教育艺术。

这样的比赛，不仅提高了参赛选手的班主任工作技能，也改善着观众的教育思想。

案例四

案例背景：品学兼优的学生小雨因为一次考试失常，遭到同学的讥讽，后来又在家长粗暴的教育方法下，产生了厌学和自卑的情绪。

问题：如果你是小雨的班主任，你应该如何帮助他走出困境？

对于以上问题，有参赛选手这样回答：

导致小雨同学产生厌学和自卑情绪的原因有三：品学兼优生一次考试失常，遭到同学讥讽，家长教育方法粗暴。进一步分析可判断出，其中包含了更深层次的问题，优秀生耐挫力差问题，班风舆论及同伴压力问题；家庭教育暴力问题。而造成厌学和自卑情绪关系最直接的原因，是考试失常和遭到同学讥讽。

由此，班主任工作必须正视和关注优秀生耐挫力差的问题，采取有针对性的策略来帮助这位同学焕发学习热情、重拾学习信心。同时，班主任要注重正确的班级风舆论导向与和谐的班集体建设，促进同伴互助学习风气及互动成长关系的形成，并适当与学生家长沟通，纠正家庭教育观念。

（二）体验式教研活动

为了提升教师教育教学技能，促进教师专业发展。2015 年 3 月 10 日，天外综合科组在二楼生物实验室开展了本学期第二次体验式教研活动。这次活动的主讲老师为地理学科的廖敏玲老师，活动的课题为《区域地理的研究方法》，参加人员为综合科组的老师们。

体验式教研模式，简单而言，就是教师转换成学生的角色，模拟学生平时上课。相应地，课堂模式按照“自学把脉—互学观情—交流诊断—阐理治疗—反思康复”进行。课前，授课教师发给每位参加人员一份导学案，自主学习相关内容并提出自己的疑问。接着，廖老师整合所有问题，再结合区域研究的思路进行分析、归纳，凸显教学过程中的专业性、实效性和方法性。通过这种转换角色，转换思维的方式，教师们深度体验了作为学生上课的心理状态和学习效果，从而对自己的课堂教学有所启发。课后，老师们就听课感受进行交流，进一步强化了体验式教研的成果。

体验式教研模式是天外一直提倡的教研方法，其目的是引导教师以学生的身份体验学习。教师以“学生”身份参与教研，由主讲教师组织课堂，主讲教师在选题方面从“学生”学习兴趣、思路、师生之间的互动等进行换位思考。可以说，这一教研模式，为培养教师全面、科学的学生观提供了一个平台，也推动了课堂改革的发展。

三、推动多元评价方式发展

对教师主体而言，力图通过课题研究，指导教师进行教学改革，掌握正确的评价方式，建立有效的评价策略和激励性的评价体系，使阳光评价在新课程理念下，发挥评价的功能机制，实现评价的价值取向。通常，天外采取年度考核、职称晋升、会议表扬等方式促进教师专业发展，积极引导教师进行有效的课程评价。

传统的评价方式，以升学率评价学校，以学生的考试成绩评价老师。这种评价的背后，是与学校和教师的切身利益密切相关的荣誉和利益。在评价老师时，更看重的是所任学科的班级平均分，对每个学生的个体的发展不加考虑；看重的是试卷上答题的能力，忽略了学生综合素质的提高；看重的是对所学知识的掌握和巩固，忽视了学生继续学习的愿望和能力。用分数说明一切，分数可以掩盖一切。教师和学生都沦落为了分数的奴隶，拜倒在分数面前。学生的兴趣爱好被扼杀，个性特长得不到培养，成为学习的机器、知识的容器、教师谋取私利和家长谋取面子的工具；教师的能力得不到培养，专业成长得不到提高，却成为以教学为谋生手段、几十年如一日重复老调子、强塞硬灌的教书匠。

新课程改革呼唤新的评价方式，关注孩子的成长，关注孩子的身心健康，关注孩子的个性差异，让教师在教学中享受生活，让教师在工作中得到成长。因此，学校注重教学相长、师生共进的新型的多元评价方式，从而改革和完善新型的课程评价体系。

第二节　学生主体取向的课程评价

一、满足学生多元差异化需求

对学生主体而言，在校本课程的设计和实施过程中，学校充分考虑到不同年龄阶段和学业水平阶段学生的需求，开设了许多与考试无关但能提高学生个人素养的课程。比如，作为外国语学校，天外对于英语、二外的教学非常重视，笔者向教师们提出个人的理念，即听说领先，读写跟上，情景教学。天外还针对不同的年级，设计了不同课堂时间比例的英语听说和读写的教学计划，以符合相对应年龄阶段的学生语言学习的特点和需求。由此，天外主要采取小组评优的方式，不刻意突出个体学生，而是鼓励学生组内合作，同时通过学生自身学业进展的对比使学生了解到自身的不足和差距。学生间通过朋辈互助的形式，鼓励学生间互相支持。学校还为每一个学生都安排了导师。导师负责与家长就学生的学业、成绩、思想等内容的交流。这种导师制也是学校对教师评价体制中的一个环节。承担导师任务的是学校全体科任教师，但不包括外籍教师（外籍教师是统一由区教育行政部门购买服务后派到学校任教的）。这种导师制是和雅课程融合模式实施的一种制度，为满足学生多元差异化需求提供制度基础。

在天外各个学科的课堂教学活动中，处处彰显着“以生为本”的课堂价值追求，学生在教师的指导下，通过感知、体验、实践、参与和合作等方式，学习的过程成为学生主动思维、提高文化意识、形成积极的情感态度的教学主阵地。比如，母语的学习最需要扎实功底和美的体验，在语文学科教学方面，天外进行的实践探索，呈现出学子对语文学以致用的魅力，展现出和雅君子的文化润化之力；外语的学习也是可以如学习母语一样自如而悦人的，在英语学科教学方面，天外的实践探索，呈现出其作为外国语学校名副其实的独特做法，展现出世界公民的宏阔视野之功。

天外的课程教学在于植根于学生，真正以学生为主。学生自己备课，自己制作 PPT，自己上课展示，讨论过程中争论激烈，形成了“和合活力，动静雅趣”的和雅课堂文化，真正做到了把课堂还给学生，让学生做学习的主人。在天外的课堂上，师生共同成长，彼此成全，共同构筑最美的教学样态。在此基础上，课程教学不仅满足了学生多元差异化需求，还为学校培养“和雅君子　世界公民”的新时代创新国际人才注入源源不断的动力。

二、促进学生体验世界公民之妙

为了让学生真正体会世界公民涵义，体验世界公民之妙，天外积极组织学生到国外体验异国风情，从实践中实施世界公民课程。世界公民课程中的学生，会将每天的感悟用日记的形式记录下来，并上传至博客，大部分的笔记是将手写稿拍摄下来再上传，所以家长们可以通过博客内容了解孩子们远在千里之外的生活状况。下文将列举天外部分学生的学习体会和教师的记录来表现出学生如何在异国中体验世界公民之妙。

在这里仅仅一个星期的学习生活，总结起来就是：快乐、提升、交流。

这里有来自各国的学生，刚来时和我们同班的有西班牙人和哈萨克斯坦人，后来西班牙人离开了，和我们一起学习的就只有哈萨克斯坦人。对于我这样第一次踏出国门的“井底之蛙”，和外国人交流的机会很少。难得和国际友人在同一教室学习，是很难得的机会。第一天印象深刻，我们玩 role play，交流的过程中，我总会遇到听不懂的尴尬情况。但后来习惯了，也开始和 partner 交流。交流交流，首先自己要主动大胆地说。

还有就是能力的提升。第一次上 Lola 的课，脑子里乱哄哄的一团麻。一大堆新词，飞一般的进度，让我连喘气的份都没有。那天晚上一回到家，我就和室友开始疯狂地复习词汇，生怕掉队。这一个星期，我们背了不少单词。最后两天，我们还接触了一下雅思的作文。生活无处没有挑战，第一节课，我听得似懂非懂，当晚老师布置了一篇作文，自己多消化了一下，觉得好了很多。有挑战才有超越，才有进步。这一周，接受了挺多挑战，有很多新的尝试。

——郭咏文

除了每天写日记之外，学生们也会制作一些视频。2013 年，天外的四个小姑娘曾蔚琳、张岱洁、张子欣、韩童谣，请来住宿家庭的孩子给她们上课，并将上课过程拍成视频传至网上。主要负责上课的是 11 岁的小老师 Christy。因为天外学生与 Christy 的年纪相仿，Christy 俨然一副老师的模样，大家学得很认真，也很开心。

在看过视频之后，家长们纷纷在博客上留言：

这个有趣的 11 岁小老师 Christy 好有老师风范！这四个天外小姑娘好幸运！寄宿家庭给了孩子们去体验英国日常生活、民俗风情和英语交流的更多机会。年龄相仿的三个英国小朋友们很友善、热情和健谈，与小姑娘们玩在一起，小姑娘们获得了课堂之外的惊喜收获！感谢所有带队的老师们！

这次英欧团收获良多，她们遇到一个好的住宿家庭，家庭小主人还为她们上了生动的课，真幸运！

天外注重学生的英语口语，从视频中来看，四个小姑娘的英语口语十分流利，与英国寄宿家庭的小孩沟通十分顺畅。

一路走来，无论是在求学途中、旅行路上，天外的孩子们给了领队老师太多的惊喜与感动，在行程中，有些场景恍如夜空中的繁星闪烁，熠熠生辉，点滴之处恰恰折射出他们举手投足间的和雅品质，如印刻在领队老师的心中一样，美妙、深刻、隽永……2013 年，刘娟老师做领队时，就将她的感触记录下来，并冠之以“世界公民语录”之衔。

“世界公民语录”一——天下没有免费的午餐

在 CRC（Cambridge Regional College）第一天用餐时，食堂工作人员对孩子们说，午餐直接拿走，不收钱。难道天下真有免费的午餐？在剑桥，孩子们的餐饮由寄宿家庭提供，他们提前打包好，再由孩子们带到学校来。

孩子们把现金给工作人员，可他们坚持不收，于是孩子们把这一情况告诉了领队老师。经过老师协调后发现，原来餐厅的工作人员把我们的孩子当成另一个来自中国的团，在他们看来，中国孩子都长一样。

午餐不是免费的，但我们已经吃完了，怎么办？这时，孩子们有序地到收银台付钱。虽然此时是餐厅的就餐高峰期，学生人数众多，如果吃完就离开，也没人管，但我们的学生仍然坚持把这份午餐费付清。看着他们排队的身影，这一幕深深地印烙在我的心里。

“世界公民语录”二——恢复原状

在剑桥，我们除了学习、体验文化，也少不了体育项目。周五下午，我们来到剑桥最大的保龄球馆。2 个小时的运动很快就结束了，孩子们很尽兴。离开的时候，李梓粤、何翀、马仁睿……自发地收拾起其他同学留下的纸杯。就在这时，送球器的一只保龄球掉了下来，这一掉，让孩子们意识到，这些保龄球本应该在球道旁的架子上。于是，孩子们立刻把 10 条球道上的保龄球全部放回原位。最后的 5 分钟，孩子们留下了脚步和汗水，同时也收获了尊重与赞许。

“世界公民语录”三——勤俭节约

当行程将近大半，出于好奇，我随机地问了问几位同学的开销。因为我记得另一个团的一个领队说，她带了一个学生，不到三天把带来的 500 磅全花完了。与孩子们交谈后，结果让我很满意，王淦跟我说，他用了不到 20 磅，还有别的同学不到 10 磅，也就相当于 100 元不到。在这里，买一瓶可口都要 1 ~2 磅，很难想象这群“抠门”的小大人是怎么规划的。

平时，寄宿家庭准备的午餐十分俭朴，且单调重复，但很多孩子都会吃掉，因为他们觉得把食物丢掉太浪费、不环保，而且孩子还觉得没必要增加一项开销，能省则省。为了解馋，李祯和王羽曦在寄宿家庭的允许下，张罗着做了顿美味的晚餐，享受自制的佳肴。事后，李祯告诉我，终于明白老妈平时有多辛苦。我想，在今后的成长道路上，她们肯定会珍惜食物、珍惜家人的辛勤劳动。

“世界公民语录”四——虽然买不到，但是我尊重你

游戏光盘是男生最爱，是他们的必买物品之一。出国前，他们还做过功课，读了大量的英文材料（百度上没找到相关中文信息）。一天，几位高个子男生，假装自己是高中生，结伴前往游戏店，说要买高级版的游戏光盘，店家很严肃地告诉他们，这个版本必须满 16 周岁才可购买，你们只能买儿童版的。第一次，

碰壁而归。第二次，男生前往另一家游戏店，这次说是给年满16岁的哥哥买的，合情合理，但店家非常严肃地指着一张法令，告诉他们，“You are not permitted to buy this disk.”法外不过人情，没想到商家如此铁面无私。

当孩子们和我讲述这些经历时，他们没有对店家不满或愤怒，而是尊重。因为他们已经明白，不适合他们的，再好玩，也要等到长大的那一天。而这些天碰的钉子也告诉了他们：保护正版、尊重知识产权，虚幻的游戏世界同样受着现实社会中法律的约束。

——领队老师的纪实

在一个陌生的环境之中，在异国他乡，学生们的素养一一彰显，言行和雅，这是学校教育所要达到的愿景之一，看到孩子们的表现，天外的每一个人都无比欣慰。这些都是天外实施和雅特色课程，践行“和雅君子　世界公民”理念的重要表现，让学生在异国中真正体验不同文化，领悟世界公民奥妙。

三、加强学生和养自主和自正雅行

教育内容决定学校朝气及教育方法的因素，也是加强学生道德修养的重要表现内容。学校教育特别是德育，需要强调学校与社会的相互作用，需要通过适当的舞台和良好的氛围加强有效的训练，才能活化学生的主观能动性，进而促使他们自我教育，雕琢成才。

天外提出“和养自主，自正雅行”的德育哲学，以信任、爱、尊重为出发点，营造全员德育的氛围，以充分发挥学生的自主性为前提，引导学生一步步向君子的目标前行。在多姿多彩的德育活动中，天外学子参与体验，进而在体验中进行着心灵的涤荡，享受着校园生活的金色年华。

天外中外课程融合模式为德育活动开展提供指南。天外的德育追求，是在“和雅君子　世界公民”办学理念引领下，充分相信学生，充分尊重学生，以“和养自主，自正雅行”德育哲学为指导，让德育的行动与实践落在实处，让德育的价值与追求和办学理念完美结合。

全员德育，是天外的一大特色。在这一机制之下，全体教职工都参与育人，都担任班级教育小组的德育导师，每个导师负责8～12名学生，直接对学生的住校生活和学习负责。导师关注学生从入学至毕业的整个教育过程，从学生的学习、生活到德育的各个方面和环节，对学生进行整体性和一贯性教育、引导和指导，切实贯彻全员育人、全程育人、全面育人的现代教育理念，促进学生全面发展。

全员德育，不仅仅是全部老师参与，学生也需要参与到教育中来。在成长过程中，学生往往能够成为自我教育者，伙伴的影响力甚至超过老师。一旦充分发挥优秀学生榜样引领的作用，学生群体就能整体进步。

目前，天外依托三大学生自治机构进行管理：为学生会（学生代表选举的群众性组织）、团委会（优秀青年的先锋组织）、学生社团联合会（学生自主管理社团的组织）。在天外，每天还有班级教育小组“导师会”，班主任召集德育导师、科任老师共聚一堂，专门针对受导学生进行反馈、分析、诊断、研讨，再进一步和受导学生本人、家长进行细致的沟通。

在学校，老师是学生德育的引领者，而校本化的德育哲学，则是老师行动的指针。“和养自主，自正雅行”的德育哲学，启发天外德育导师为孩子创造多姿多彩的舞台，开展多种多样别开生面的活动，与家长一起，引导学子在日常的学习生活中“雅行”。通过实施中外课程融合模式，进一步加强学生的道德修养，促进学生自我教育和自我管理，强化学生的和养自主和自正雅行，折射出新时代天外面向未来学校的“和雅君子　世界公民”教育思想。

第三节　课程本体取向的课程评价

一、和雅课堂评析

在实施中外课程融合模式时候，如何最大限度地调动学生的参与，激发学生的创造力，兼顾每一个孩子的发展？在教育教学思考和实践中，天外找到了出路，那就是当前发达国家为提高教育教学质量而采用的方式——小班化教学。小班化教学的优势，在于它有利于开展小组合作，而小组合作的学习方式有助于学生提高学习效率，获得快速发展。

天外追求小组合作学习，是目前世界上许多国家普遍采用的一种富有创意的教学理论与方略。它以合作学习小组为基本形式，系统利用教学中动态因素之间的互动，促进学生的学习，以团体的成绩为评价标准，共同达成教学目标的教学活动；它能够发挥群体的积极功能，提高个体的学习动力和能力，达到完成特定的教学任务的目的，改变了因教师垄断课堂信息源而导致学生处于被动地位的局面，从而激发了学生的主动性和创造性。

从 2012 年天外开办以来，就实施“小组合作教学”模式，一个班 30 人，分成 5 组，每 6 人一小组形成围坐，这种授课形式是一种合作交流的模式。当前教育强调人的自然属性（智商）的发展，忽略了社会属性（情商）发展，但恰恰是社会属性决定了人的未来发展。人的社会属性体现在与人的交流与合作，很多学生被称之为“高分低能”就是在学校没有养成与人沟通交流合作的精神，而造成这样的原因是学校没有提供相应锻炼平台。

在“小组合作教学”模式实施之初，遇到很多阻力，笔者印象最深刻的是：有一位学校引进的广州十佳数学老师，来校任教不久，她心事重重地走进校长办公室说：“校长，我不会教数学了。”笔者问她为什么呢？她说：“学生在课堂上不遵守纪律，学生上课讨论一盘散沙，教学进度很慢。”笔者劝慰她先回去静下来思考，我们会和她一起想办法解决。

天外提出了和雅课堂的理念和标准：秉持“先学后教，以学定教”理念，形成“自学、交流、展示、点拨、巩固、反思”教学模式，课堂“民主、和谐、活力”，呈现“聆听无声，讨论小声，回答大声，质疑有声”的特征。把课堂还给学生，刚开始推行时有来自多方面反对的声音。笔者反复做老师、家长的思想工作：任何一个改革创新的过程都是艰难的，社会处于大变革时代，教育要面向未来，如果还固步自封将会更被动甚至被淘汰。天外的开诚布公赢得了家长的理解和支持，三年后，用成绩兑现了我们的承诺。笔者经常告诫老师们：要想放手必须把手拉得更紧，要想把课堂还给学生必须要让学生真正成为学习的主体，让学生参与教学目标的设计与制定，学生根据自身实际自由选择学习内容、学习进程、学习方法，构建“自主、合作、互动、和谐”的课堂氛围，挖掘学生的潜能和创造力，还给学生自主学习、自主探究、自主创造、自主发展的机会。

小组合作的教学模式，激发了全体学生的思考，关注了每个孩子课堂上的自我成长，并在学生之间形成了一股强大的相互期许、信任和积极互赖的力量。孩子们通过这种学习方式，点燃了学习兴趣，具备了可持续的学习能力。基于小组合作教学模式的天外课堂，追求人的信心境界与自强精神，追求学生的今天成长与明天的成才相统一。在天外的教师看来，仅仅以单位时间内所教学科目内容来衡量效率是偏颇的。学科内容不应该是课堂教学的全部，学习习惯的养成、民主的文化氛围亦是课堂的重要组成部分。可见，天外和雅课堂所展现的学习，是从学科内容扩展到更全面意义上的学习。

为了让孩子们在课堂上进行快乐的学习，天外在课堂实践中不断探索、创新，致力于塑造“和合活力，动静雅趣”的和雅课堂文化。天外的老师有一个共识：“课堂，应该是师生互相学习，共同成长的舞台。”在全国盛行的课堂改革浪潮中，无论是哪一种有效的教学模式，都体现了自主、合作、探究的新课程理念，这也正是天外追求的理想课堂。所以，学生的参与度，是天外衡量课堂教学效果的重要尺度。

二、课程教学实践

课程是教学实践的依据，教学实践是课程实施的重要手段和方式。课程本位取向下课程评价，很大程度上可以从其课程教学实践的效果给予评判。教学是一门艺术。教师带领学生在课堂上张弛有度地开展活动，通过更新教学理念，进行课堂建模，明确了教学的基本流程，树立了课堂规范。天外的课堂，老师和同学们收放自如，动静皆宜。在愉悦的课堂氛围中，学生快乐而自由地成长。

课程教学是一种促进人成长的手段和方式。在课程教学中，教育工作者应要根据人的生活方式、心理特征、个性发展来实施教学的策略和手段。处于青春期的孩子都是活泼灵动的，天外在“和合活力，动静雅趣”教学理念指引下，让学生在高效学习的同时，获得更好的发展，从而发挥出课程的育人效果。

随着我国现代信息技术的发展，课堂不再是学生获取知识的唯一来源，教师不再是知识的唯一传授者，教师的课堂主体地位随之发生改变。在课前，学生们可以获取海量知识，并形成自己的观点，如此一来，教师的挑战主要来自海量信息和更加高度个性化的学生。为了应对这一变化，天外提出了“先学后教，以学定教”的诊断式课堂教学模式。天外的课堂经过不断地调整和探索，逐渐形成了一个科学的五环节“流程”：自学把脉—互学观情—交流诊断—阐理治疗—反思康复。

第一，自学把脉：以导学案引导学生自学，这一环节中以学生独自学习为主。在这一过程中，学生依据老师设计的导学案对新的学科内容进行梳理，消化并巩固相关知识，找出仍有疑问的内容，教师通过批改学生的导学案对学生的学习情况进行判断，即对学情进行把脉。这一环节通常在正式上课之前要求学生完成。第二，互学观情：在课前或者上课前 5 分钟，学生与同桌或周围同学进行交流，互相解决学习过程中遇到的问题，教师则巡查了解互学情况。第三，交流诊断：教师对教学内容进行合理分配，分给班上的 5 个小组，每组派出一名代表在课堂上展示学习结果及心得。在这个过程中，全班同学可以不断提出问题，进一步解决学习过程中遇到的重难点问题。在这一环节，教师根据教学目标及前两个环节所掌握学情进行分析与判断，为下一步讲什么做准备。第四，阐理治疗：这是师生评议阶段。学习小组成员之间进行学习情况的评价，教师根据学情判断，进行针对性的讲解，主要讲学生不会的、有疑问的、需要强化的和拓展延伸的，并对整个课堂的实际效果以及学生的表现进行评价和反馈，肯定学生的进步，并指出不足。第五，反思康复：学生独立完成导学案和相关练习，进行课堂小结并反思。

此外，在每天晚自习时间段，天外也会组织学生对一整天的学习情况进行反思，每周再对一周的学习和生活进行反思，每月对学生进行一次学习效果的考察。

在天外的诊断式课堂教学模式中，教师不再是课堂的中心，但是教师需要对课堂进行全场的把控。在学生学习的过程中，老师要进行学情跟踪与分析。第一，对课前准备的诊断。教师首先检查学生自学完成情况，并督促其按时按质完成，以确保每个学生都“有备而来”，养成良好的学习习惯和品质。第二，对课堂节奏的诊断。教师要深入到各个小组进行观察，及时诊断与处理问题，注意激活“冷场”，控制“过热场面”，使全体小组成员“动”起来。教师还要下组参与学习讨论，及时把握各组学习情况，灵活运用教学机制，调整学习时间。第三，对课堂效果的诊断。学生代表在展示学习效果时，教师要即时判断出学生的实际学习效果，依据学生已取得的效果，老师再进行“教”。教师课堂上的“后教”，由对知识的系统讲授转变为对海量信息的梳理、整合、提炼，去伪存真，去芜取精，并推动学生的学习向更高层次发展。

教育专家林格先生说：“教育者唯一要做的事情，是保护甚至捍卫学生的主动性。”课堂如果是战场，教师就应该做幕后的军师，而不充当将军和勇士去冲锋陷阵；课堂如果是戏台，教师就应该做台后的导演，而不充当花旦去翩跹起舞；课堂如果是赛场，教师应该做场外教练，而不充当运动健儿去拼抢扣杀。教师应该从“前台”转到“后台”，从“课堂”退居“幕后”。

天外“先学后教，以学定教”的诊断式课堂教学，教师把握学生的实时学习动态，进行无痕的引领、有针对性的诱发和有创意的调控，使课堂充满生命活力。课堂教学所凸显的民主、自主、合作、探究的理念，有效地回应了当下信息社会对教育提出的新挑战，更高程度上实现“有教无类、因材施教”的教育理想。

天外的教师将更多的时间放在课堂教学设计上，并带领学生一起探究，鼓励他们发散思维，不断开拓新的学习领域，激发学生强烈的求知欲，锻炼学生的总结反思能力，及时诊断出学生存在的不足，促使学生一步步往更高的台阶行进，并感受学习的乐趣，享受课堂的美好。

三、课程评价标准

若从课程建设本身来说，和雅特色课程的评价标准可包括课程目标、课程内容、课程组织、课程实施、课程资源、课程评价和课程效果。在此基础上，学校还制定高中和雅特色课程评价量表（表6－1）。

表6－1　天河外国语学校高中和雅特色课程评价量表

课程名称		开发者			
评价指标	评价标准	评价等级			
		A	B	C	D
课程目标	目标清晰明确，符合学校的理念，体现特色，在学生全面发展的前提下，注重学生和雅品质、跨文化交际及创新能力的培养，调动学生实践过程中的自觉性、主动性、积极性、创造性，让学生在参与、体验、引领中快乐成长				
课程内容	内容围绕课程目标，符合学生身心发展特征和认知规律，满足学生的兴趣和需要，促进学生的个性化多元化的发展，为学生的可持续发展创造条件。内容有针对性和序列性，保持一定的稳定性				
课程组织	组织形式体现学习方式的变革，以自主、合作与探究性为主，符合学生身心发展特点，采取自学、实践体验、研究探索与讲座、讲授相结合的多种形式，有助于学生的学会学习、交流表达、坚定志趣				
课程实施	有《课程纲要》和学期教学计划，安排好教学进度，撰写教学设计和反思，达到规定的课时与教学目标				
课程资源	整合运用各种具有丰富性、适切性和系统性的课程资源，自主研发特色教材或创造性使用校本教材，善于运用课堂的动态资源来灵活调控课堂教学				
课程评价	注重评价的多样性、激励性和可操作性，通过四个结合即过程性评价与终结性评价结合、表现性评价与发展性评价结合、质性评价与量化评价结合、学业评价与综合素质评价结合的评价方法，建立成长档案袋，完善成长记录				
课程效果	师生关系融洽，能激发并维持学生对该课程积极的情感和态度，学生主动参与的程度较高，学习负担适宜；较高程度地达成教学目标，确保每个学生受益，学生评价良好				

和雅特色课程是天外在创建特色文化中探索的重要课题。学校将对特色课程的目标、内容、形式、效果制定评价标准，逐步建立和完善表现性评价和发展性评价相结合、质性评价与量化评价相结合、学业评价与综合素质评价相结合的学生评价体系，如开展“六雅学子”评比、“三和教师”评比、“和雅班级”评比等，让评价做到可操作和有章可循，让评价发挥激励和导向作用。

在特色课程目标的评价标准方面，天外注重特色目标与育人目标的协调，在学生全面发展的前提下，注重学生和雅品质和外语特长的培养，调动学生实践过程中的自觉性、主动性、积极性、创造性，让学生在参与、体验、引领中快乐成长；在课程内容的评价标准方面，天外课程内容围绕课程目标创造和选择，整合各种资源，开发和选择综合性和前瞻性相结合的内容，贴合学生实际和年龄特征，实现面向未来与有利学生发展；在课程形式的评价标准方面，天外采取自学、实践体验、研究探索与讲座、讲授相结合的多种形式，有助于学生学会学习、交流表达、坚定志趣；在课程效果的评价标准方面，天外注重评价的多样性，通过四个结合即过程性评价与终结性评价结合、表现性评价与发展性评价结合、质性评价与量化评价结合、学业评价与综合素质评价结合的评价方法，建立成长档案袋，完善成长记录。

综上所述，天外中外课程融合模式——和雅特色课程模式，围绕课程模式体系，涵盖课程目标、课程内容、课程组织、课程实施、课程资源、课程评价和课程效果等方面，为实施和反思课程成效和问题提供基本的标准体系，保证了课程模式的持续运行与发展，为天外面向未来培养“和雅君子　世界公民”的新时代创新人才提供课程资源保障。

第七章　天外发展的成绩与展望

第一节　天外发展取得的成绩

通过探索和构建和雅特色课程模式，并在学校进行实践检验，和雅特色课程实施，取得较大的成绩。学生沉浸于优秀中西经典文化中，不仅丰富学习内容，开拓视野，更在与先贤的对话中积淀文化底蕴，唤醒了文化自觉和个人潜能。具体表现在以下几方面。

一、创新素养全面提升

经过和雅特色课程模式的实践，学校创新素养全面提升，取得各种创新科技成果和奖励。学校的科技教育硕果累累。在2015年广州市教育局组织的“创新精神和实践能力大赛”中，学校5名学生获一等奖；2016年学校再创新高，初中组一等奖广州市28人，其中天外12人，占42.8%。在广州“科技之星”特训营选拔活动中，2015年全市共录取148人，其中天外占22人，广东省实验中学附属天河学校8人，广州市第四十七中学4人，天河中学7人。天河外国语学校占天河总录取人数53.6%，占全市总录取人数约六分之一。2016年全市录取158人，天外占43人，其中17人跟着中山大学教授进行研究，26人跟着华南理工大学教授做实验。广州市“科技之星”特训营涵盖数学、物理、化学、生物等自然科学领域，其中高中生进入中山大学和华南理工大学学习，初中生进入广州大学和广东药科大学学习，采取“双导师”制的个性化人才培养方案。在由广州市教育局、广州市科学技术协会共同组织的“第31届广州市青少年科技创新大赛”，学校的发明作品分别获广州市一等奖和二等奖。在由广东发明协会、广东科学中心等部门举办的“第十三届广东省少年儿童发明奖优秀作品展”中，学校初中组的作品《一种新型的声信号传播装置》获一等奖及专项奖金1000元。

2015年12月27日，广东省头脑奥林匹克创新思维大赛在广州市天河外国语学校举行。此次大赛由广东省科普中心、头脑奥林匹克广东区组委会主办，广州市头脑奥林匹克协会、广州市天河外国语学校承办。来自广东省100多所大学、中学、小学、幼儿园、少年宫等单位共300多位主管领导、科技教师及裁判积极参与培训，广东省内广州市、佛山市、茂名市等各地组织了245支参赛队，共1800多位学生、老师和家长参加比赛。学校5支参赛队伍，获3个一等奖第一名，2个一等奖第二名，全部获得参加第29届世界头脑奥林匹克中国区决赛资格。2016年，第37届世界头脑奥林匹克中国区决赛在上海外国语大学松江外国语学校举行。在本次比赛中，学校派出4支队伍都取得了优异成绩，分别获得中国区决赛二、三等奖，并取得世界头脑奥林匹克总决赛资格。

学校还参与了DI亚太区北京国际邀请赛、2014年第35届头脑奥林匹克（OM）中国区决赛、2015年广东省青少年无线电测向锦标赛等多项国家级、省级和市区级竞赛，得到了各级各部门的嘉奖达上百人次。例如，2016年DI模范学校夏季培训会议上，广州市天河外国语学校被DI中国区授予“DI模范学校”，成为广东省第一批被授予该称号的学校。

一直以来，天外注重在课堂和课外活动对学生进行时事教育，除了让学生每晚收看《新闻联播》节目，还根据不同年级学生的知识水平和探索能力，相继举办了时事开讲、政治小论文比赛、模拟听证会、时事手抄报等活动。学校自2012年创办以来，在广州市中学生论文比赛、广州市法律知识竞赛中，天外都取得了一等奖的优异成绩。2016年4月9日，在广州市中学生时事政策学习竞赛中，全市有初中311支、高中111支，共计422支代表队参加该项活动。天外的初、高中代表队均荣获全市一等奖。其中，初中组勇夺一等奖第一名，高中组荣获一等奖第五名。在3368名学生中，天外有5人的个人成绩进入全市前十名。初中组的黄润林、孙明逸2人荣获全市第四名，林彦荣获全市第十名；高中组的朱海莹荣获全市第八名，朱素其荣获全市第十名。

2016年12月16—18日，天外模联派出5名代表，参加NHSMUN 2016年广东省模拟联合国大会，经历了为期3天5场会议的激烈磋商、讨论。在300余名来自广东省各地优秀代表的激烈角逐中，天外获得了一名二等奖（一、二、三等奖总获奖人数15人）、两位杰出代表（总获奖人数14人），以及最佳团队奖（总获奖队伍数2名）的好成绩。在2017年广东省中学生模拟联合国大会中，天外代表队12人全部晋级复赛，既有中文组，又有英文组。天外的模拟联合国社团虽然成立时间不久，但模联社成员的知识水平、逻辑思维、中英文表达能力、自学和合作能力得到了组委会的高度评价与肯定。

二、教学质量显著提升

教学质量提升的效果主要体现中考成绩、各种竞赛、模拟联合国等方面。2015年中考，天河外国语学校以总平均分734.69，位居广州市前二。其中700分以上占97.32%，730分以上占62.42%，近50%的学生中考成绩在740分以上。袁嘉滢同学以773的高分名列广州市的前茅，同时涌现多名单科状元。2016年，学校中考总分平均分740.5分，继续领跑广州，其中700分以上占95.8%，730分以上占76.92%，余洋希同学以总分776分位居全市前茅，多名学生勇夺各科单科状元。2017年，学校中考总分平均分729.8分，继续领跑广州，其中750分以上的学生占全校总人数的15%，730分以上学生占52%，720分以上学生占74%，700分以上占95%。

课堂基本模式初步成形，课堂基本特征突出，课改成效显著，有力提升教学质量，如表7-1所示。

表7-1　学科教学模式一览表

学科	学段	名称
语文	初中	阅读探究教学模式
英语	初中	英语语感阅读教学模式
	高中	视频教学模式
	高中	三段式读写教学模式
数学	初中	三学循环模式
政治	初中	中考讲评课模式
英语、音乐	初高中	英语音乐剧融合模式

竞赛是培养学有余力、学有专长的学生的重要途径之一，为部分综合素质高且具有优秀潜能的学生搭建了一个拓展知识和视野、发展个性特长的平台。同时，高端竞赛提升了学校办学水平，凸显学校的办学特色，也是学校软实力的象征，可以促进学校品牌建设。甚至，高端竞赛由于得到社会的广泛认可，还会与升学挂钩。学校在竞赛辅导方面继续有突破，基本实现辅导工作的常态化。据现有资料统计，天外各科获各级奖项情况如下：全国奖8人，省奖4人，市级奖76人，区奖57人。2017年4月，在广州市汉字听写大会上，天河区代表队——广州市天河外国语学校以强大的实力、出色的发挥、遥遥领先的成绩获得"广州市汉字听写大会"第一名，第三次成功卫冕。2017年5月，在广州市高一化学竞赛中，学校学生不负众望，最终斩获9个一等奖，获得10个二等奖，获奖率达79%，在第一组学校中（第一组学校有华附、省实、广雅、执信、二中、六中、广大附、铁一、天外等12所学校）排名第二。此外，2017年5月，天外举办了第一届"和雅天际"Skyline模拟联合国校内会，吸引了全校初高中80多位同学及部分校外同学的参加。

三、社会认可度日益提高

学校办学特色得到社会高度关注和认可，仅2015年下半年，接待来自全国各地中学和高校三十多个跟岗班和研修班的教学教研、听课评课交流（如东北卓越校长跟岗学习班、湖南省特级教师高端研修班、广西师范大学等），安排了近百节随堂课和研讨课，请学校教科研优秀教师代表发言和讲座交流达三十多场次，得到兄弟学校和领导的好评。

此外，学校开设各级各类公开课和讲座，与企业合作，扩大社会影响力。仅2015年下半年，学校组织全国、省、市、区各级初高中的教研公开课达三十多节，邀请剑桥大学教学专家来学校进行国际英语教学研讨会一场。另外，还有一千多名各区各地市的学科骨干教师及教研员来学校参与了听评课的交流活动，接待七批次共70多人的本科生和研究生的跟岗实习。2017年3月，广州“院士专家校园行”活动走进天外，中国科学院中国遥感卫星地面站研究员，原中国遥感卫星地面站站长潘习哲教授给天外学子带来一场以《遥感技术改变我们生活》为主题的科普知识讲座。学校还与广汽丰田联袂在校园内打造开设了“广汽丰田汽车实验室”，并已经于2016年9月正式落成和投入使用。

学校还积极探索期中期末教学质量分析的研讨新模式，在初一到高一四个年级组织基于班级学习小组的教学质量分析，利用导师制的管理模式加强对待优生的培养。在建构充满活力与和谐的和雅课堂方面，学校开展了两个层面的课堂建模的听评课活动，一是“2015年新教师汇报课”，二是“课改示范课”，推出了近五十节的学校公开课，参与面广、人数多，学科的课堂建模活动和学生积极反馈成效显著。

此外，天外学子还受到了媒体的关注，得到广泛好评。天外学子梅占峰在中央电视台少儿频道的一个闪耀了10年的金牌音乐栏目《音乐快递》中，被节目主持人鲁豫评价为：“自古英雄出少年！”著名艺术家滕矢初评价他：“周杰伦也不过如此！”2015年10月8日，12岁的梅占峰背着酷炫的战斧合成器，带着自己作词的原创励志歌曲《向着太阳奔跑》及英文歌弹唱《Price Tag》，自信地走上梦想舞台，一展大方、自然、大气、不张扬的演唱，最终，梅占峰从滕矢初老师手里接过了沉甸甸的“梦想小金人”。2016年，梅占峰参加了由广州市天河中央商务区管理委员会、广州市天河区文化广电新闻出版局、广东省流行音乐协会联合主办的第三届“声动·CBD”大赛。在广州市少年宫、广州市天河区教育局的大力支持下，这届比赛有上千名少儿歌手参加。在9月23日的总决赛赛场上，十名小选手竞争非常激烈，经过三轮PK，最终，梅占峰以一首温暖感人的原创歌曲《时光机》勇夺年度小歌王。2016年，梅占峰的新专辑发布会在天外校园中举行。2017年第四届“声动·CBD”启动，梅占峰作为少儿组的形象大使出席了大赛的启动仪式。2017年母亲节期间，梅占峰用歌声送上了对妈妈最暖心的祝福——《妈妈谢谢你》。这首歌曲由梅占峰作词演唱，他凭该作品获得“年度最佳少年词作者”称号。

梅占峰说：“我爱音乐，它有自己的旋律和情绪，它是会说话的声音，我要用正能量呼唤未知的将来。”从音乐中发展自己的优势，梅占峰绽放出自己的才艺，实现着自己的梦想，这也是天外众多学子成长的姿态。

第二节　天外未来发展的展望

在中外课程融合模式探索和构建中，天河外国语学校在人才培养、科学研究和社会服务等方面都取得一定的成就，是“和雅君子、世界公民”理念在学校办学、教师、学生、课程、教学、评价等方面融合共进的结果，有利于推动学校中外课程融合实践发展和国际化教育质量的提升。新时代背景下，天外着眼面向未来学校发展，将继续增强学校办学国际化质量，打造和谐共进的师资团队、注重学生主体性和个性化，在构建多维的课程资源体系等方面深入改革，促进学校的可持续发展。

一、增强学校办学国际化质量

学校办学理念和目标定位影响着学校教育的方方面面。在教育国际化时代背景下，增强学校办学国际化质量，是学校提升办学质量和国际化水平的必然选择。增强学校办学国际化内涵，可以从学校理念、课程、教学方式、教师团队、评价方式等方面进行解读。

首先，要更新自身的办学和教育理念。通过提升自身对教育国际化的认知，达到引领学校国际化的目的。学校在设计学校的国际化理念和战略的时候，要从学校的教学、课程、教师、学生等角度全方位地思考如何体现国际化。这并不是说，学校开展任何活动都必须要冠以国际的名号，而是要在学生的活动、学生视野的培养和学生的知识结构中要深化、体现国际化的作用。

其次，课程是学校教学的核心。课程的国际化，要求融通国际理解教育，才能达到真正意义的国际化。2012年，天外研学者利用去英国进修的机会，通过同行校长的帮助，专门到剑桥访问了当地的中学，并通过合作共同设计了一门“世界公民课程”。这种主题式的研学旅行课程2017年学校有150多人参加，分别前往英国、美国、澳大利亚等国家和地区开展游学。

再次，教学方式的国际化。在建校之初，学校就要求每一个老师要转变传统的课堂教学方式，以平等的态度对待学生，鼓励学生以展示和交流的方式掌握知识，提倡启发式的课堂学习，这种教学形式，可以说与西方发达国家课堂所推崇的自主探究的学习方式基本吻合。所以说，学校目前主流的课堂教学融合了中西方的教学特点。

然后，教师队伍的国际化。师资队伍的国际化是学校实施国际化办学理念的关键要素。如果没有一支合格的国际化的教师队伍，即使校长有再好的理念和思想，也无法落实到课堂。学校的外语类教师，包括外籍教师，超过一半以上有TESOL或ESL国际英语教师资格证。每年学校都派遣若干名教师，率领世界公民课程中赴海外游学的学生团到国外访问交流。与此同时，学校计划轮流将全体教师派到国外交流与访问，出行时间约三个星期。

最后，评价方式的国际化。以教师评价为例，天外对教师的评价采取的是整体模式，不是孤立地看待单个教师的教学，而是放在一个集体中进行评价。例如一个教师所任教的班级科目考试优秀，而整个年级的考试成绩却不如人意，这种情况就会进行反思。天外鼓励教师们以团队合作的形式通过优势互补，达到齐头并进的效果。所以，天外的学业竞争是与外校对比，天外的合作是校内教师团队的合作，这种竞争是良性竞争，合作就是团队合作。在科目教学过程中，学校要求教师们在进度、内容和难度方面要尽可能保持一致，采取的是导学案制度。教案是针对同一个年级同一科目集体备课的结果，不是哪一个老师单独的思考。并且，这种导学案的模式已经超出了某一个年级，达到了学段的层面。也就是说，这种集体备课所产出的教案适用于整个学段的教学，这种方式很好地考虑了学生知识的延展性和纵向发展。例如一开始，学校首先是在初中一年级尝试统一的学案，然后通过后续任教教师的传递和调整从而在整个学段教学中形成体系性的教学案。因此，学校通过短短几年的发展就取得的成绩可以说不是哪一个人的成绩，而是集体智慧的结晶。团队合作意识的培养恰恰是西方国家教育所擅长的。

二、打造和谐共进的师资团队

天外以“美人之美”的文化理念打造和谐共进的师资团队，将团队精神内化成为文化自觉。学校有一个学习型的团队组织，倡导彼此欣赏的“美人之美”的文化，每一周每一个人都要发现身边人的三件“美事”，发现他人的优秀，感受到来自他人欣赏所带来的幸福，彼此更加和谐共处、更加乐意互助合作。

天外将“雅人之雅，各雅其雅”作为教师管理的信念，发现、激发每位来到天外任教老师的闪光点。就这样，从教师到科组再到部门，从无到有，带出了一支锐意进取、积极向上的队伍。天外的师资队伍在学校领导的带领下，在基础课程、特色课程、德育管理制度、小班化教学等方面不断钻研，以适应新学校发展的需求，推进全校践行“和雅君子　世界公民”教育思想。

学校应继续鼓励教师通过大学先修课程的学习、校本特色课程的开发，促进专业成长和全面发展。学校要关注教师的专业化成长和全面提升，在完善集体备课制度、导学案编写制度、公开课申报、听评课制度的同时开展丰富多彩的教师集体活动。本学期全校老师申报各级公开课达 60 多节次，教研氛围浓厚。教师参与各项主题活动踊跃，如教师节慰问，庆中秋、迎国庆教师摄影比赛，教职工太极拳比赛，艺术节合唱，迎新文艺汇演，“与美丽同行”——庆祝“三八”妇女节活动、天河区教育系统趣味运动会等。学校还开设了教师拉丁舞社团、羽毛球社团、网球社团活动，不仅陶冶了身心、增强了体魄，还增进了同事间的情谊，为全体教职工营造了一个宽松和谐快乐的工作氛围。2016 年，学校英语科组共 10 名教师在教师技能大赛中获奖。

学校应创造一切有利条件，促进教师专业发展和师资团队建设。例如，继续推行“青蓝工程”，新老教师“结对子”；举行“第三届骨干教师示范课”“新教师汇报课”活动；加强教师培训，拟定期邀请著名专家来校开设讲座，较为系统地对学校教师进行培训；积极实行走出去与请进来的办法，外派教师跟岗学习，学校对外开放，邀请、接纳兄弟学校进校交流指导。这些举措将为学校和雅特色课程模式的实践提供强有力的师资保障。

三、注重学生主体性和个性化

学校注重学生的主体性地位，着眼于未来人才的需要和学生终身可持续发展的需求，引导学生树立个性化目标，并以此最大限度激发其内驱力。结合高考改革和清华、北大等名校自主招生情况，初步构建个人发展规划，包括个人短期、中期、长期的成长目标，建立个人成长档案。结合学校职业体验课程，不断提高学生自我认识的能力，激发学生的斗志和培养学生的坚毅力。为了培养学生跨文化交际的能力，学校应致力开发国际理解课程。与此同时，还应开设培养学生创新思维的相关课程。学生是和雅特色课程模式的实践主体。只有注重学生主体性和个性化，才能真正促进学生“和雅君子、世界公民”的养成。

新课程改革不止一次地呼吁教师的转型，呼吁尊重学生的主体地位，但是，这些迫切而又正确的教育呼唤却常常成为空口号，处于十分尴尬的境地。事实上，在现有的中国教育框架之下，调动学生主体行为的探索，很难看到它的成就——人们很难从升学率上去判断它的成效，也无法从直观的能见度上去感受，更难以用统计学的标准去测量学生今后的成就。于是，在这样的时刻，愿意脚踏实地，敢于深入地坚持改革或转变的教育团体，就变得稀缺和珍贵。

天外在短短 5 年时间里，创造了奇迹，在于有一支无怨无悔、热爱教育、崇尚快乐的教师团队。天外在教育与考试、素质与成绩、能力与分数之间努力地寻找着平衡，在课改的路上探索，努力让每一位学生在天外获得成绩与能力的双丰收，并使之养成独立之人格、自由之精神。天外的教师应从教育本质出发，坚持把课堂空间还给学生，把课堂时间还给学生，把课堂质疑问难的权利还给学生，把探究性学习的权利还给学生，使课堂成为师生展现智慧的场所，成为师生共同进步的舞台。在小组合作教学模式之下，天外学子将大胆地发出质疑，展开心灵与心灵的对话，进行智慧与智慧的交锋。天外课堂上的民主、平等、愉悦，包容着生命的暂时缺陷，也呼唤着智能的觉醒。

进一步贯彻“和养自主，自正雅行”的德育理念，构建适合每一位学生个性发展的德育活动体系。天外的和雅学院是一个创新型的社团组织，为同学们提供更为个性化的成长体验。和雅学院的院长、院士均由学生竞聘担任，由学生负责学院的日常运作，每个学院都配备指导老师。学院的活动主要包括专业选修课、社团活动、专家交流、行业考察等。为了让学生在中学时期开始思考自己的梦想与职业选择，平衡兴趣与现实之间的关系，和雅学院可为学生提供与大学接轨的专业选择、选修课学习、活动时间、行业考察和职业体验。学生拥有选择、放弃、更换与坚持的所有权利，让他们拥有充分的自主选择权、决定权，找到真正属于自己的梦想，找到最美好的自己。

目前，和雅学院的子系统包括：和雅商学院、和雅人文学院、和雅体育学院、和雅艺术学院、和雅信息传媒学院。

其一，和雅商学院。提供两大课程：第一，公司的经营与管理，偏重于和雅文具店的实战操作；第二，企业家性格揭秘，偏重于案例教学法的理论研究。

其二，和雅人文学院。提供两大专业：第一，文学，主要是面向文学爱好者，开展的活动包括悦读、悦赏、悦言、悦文四大内容；第二，辩论，我们会精选当前发生的校内校外热点问题举办辩论赛。

其三，和雅体育学院。为实现“天外每个学生都有一项自己擅长的运动项目”的目标，体育学院以社团的形式，在足球、篮球、羽毛球、乒乓球之外，鼓励同学们掌握至少一门自己喜欢的“独门绝技”，比如飞盘、台球、高尔夫球等项目。

其四，和雅艺术学院。为实现“每个学生都有一项自己擅长的文艺技能”的目标，天外成立艺术团，培养学生的艺术细胞，并在校内举办小型表演会。

其五，和雅信息传媒学院。提供两大专业：第一，播音主持，实践项目是天外的广播站，每日早上 10 分钟、下午 15 分钟，播放《天外之声》《和雅之声》等节目；第二，影视传媒，实践项目是不定时播放《极视天外》等节目。天外还成立专门的视频制作团队以便相互切磋、竞争，学校提供两套设备方便学生录播节目。

四、构建多维的课程资源体系

和雅特色课程模式的探索与实践，离不开学校内外资源的支撑。对此，构建多维的课程资源体系，是和雅特色课程模式开展的重要保障和资源基础。

（1）学校加强活动课程的教学与管理。综合实践活动制定切实可行的实施方案，重视过程，让学生得到感受和体验，并将活动材料收集整理，存入档案。引导教研组的活动向课题化、精品化方向发展。

（2）学校积极推进和雅养成教育，探索学生自主管理。结合学校和雅特色课程需要，通过和雅养成教育的校本教材编写、实施和反思，充分整合、利用各种有形和无形的教育资源，并大力推进学生干部的培养，通过班干部例会和学生议事会，在学校学生会、年级级委会工作的开展中积极搭建学生参与和管理的平台，通过活动和课程建设努力让每个孩子在校园找到归属。

（3）学校积极强化国内合作与交流，拓展各种课程资源进路。比如与展馆合作，学校与共青团广州市委合作，参观抗战历史纪念馆；与广州图书馆合作，创设流动图书借阅点。学校创建广东省知名高校的“优秀生源基地”，如学校已与中山大学、华南理工大学、华南师范大学、暨南大学、广东外语外贸大学等高校签订《优秀生源基地建设协议》。创建高校的“课程资源共享基地”，如学校已与华南师范大学外国语言文化学院、暨南大学外文学院、中山大学国际翻译学院等国内高校联合开设课程，建立战略合作交流机制，在专业课程建设、人才培养、教学与管理队伍建设、协同创新与科学研究、资源共享等方面积极开展交流与合作。

（4）学校不断密切与高校的联系，交流教育理念，共同做好优秀人才的选拔、培养工作；同时深化教育改革，推进和雅特色教育，向大学输送更多更好的优秀学生。学校已经成为中国大学先修课程 CAP 试点学校，并成为北大 AC 先修课程项目学校。实践证明，在中学开设大学先修课程，对于促进基础教育与高等教育的有机衔接，为某些在基础学科具有天赋的优秀学生创造进一步发展的有利条件，对积极探索多样化拔尖创新人才选拔的新模式，具有不可替代的重要作用。北大、清华的大学先修课程各有八门，学生可根据自己的实际选修一门，36 个课时修满后要通过大学考试，若通过则获得北大或清华的自主招生资格。学校还参与国内名牌大学的“网络开放课程”，如清华“在线课程”等，达到高校基础课程的远程旁听的效果。

（5）天外还积极引进和运用国外教育资源，如借鉴和运用英国 A－Level 高中课程体系，建立世界公民的实践基地，如英国剑桥大学基地、牛津大学基地、美国哈佛大学基地，并积极与国外合作与交流，如天外与美国科罗拉多斯普林斯基督学校（Colorado Springs Christian Schools）、夏洛特基督教学校（Charlotte Christian School）、英国 Kings College、美国 Boston Academy、美国 Pleasant Valley High School 以及中国香港地区的明爱柴湾马登基金中学等学校缔结姊妹学校。缔结姊妹学校，促进了国际双向的学习交流，在课程设置与研究、外籍教师支教、高端科技应用等方面加深了互通共享，也开阔了天外师生的国际视野，更促使天外的国际化进程向前迈进了一大步。此外，法国领事馆法语推广专家的来访，美国领事馆专家、加拿大教育官员、北爱尔兰留学生的交流，也丰富着天外的英语课程。国际教育资源为天外构建和实施中外课程融合模式——和雅特色课程模式，提供了可借鉴和吸收的养分，将推动新时代天外面向未来学校的“和雅君子　世界公民”新教育体系的形成，进一步助力天外学校办学质量的提升和学校的可持续发展。

参 考 文 献

［1］张悦颖．构建指向师生发展的中外融合的课程体系［J］．现代教学，2014（Z2）．

［2］史丽晶．基础教育课程改革目标实施程度研究［D］．沈阳：东北师范大学，2016．

［3］［美］乔治·A．比彻姆．课程理论［M］．北京：人民教育出版社，1989．

［4］刘克兰．教学论［M］．重庆：西南师范大学出版社，1989．

［5］张传燧．课程与教学论［M］．北京：人民教育出版社，2008．

［6］刘旭东．课程的价值取向研究［M］．兰州：甘肃教育出版社，2002．

［7］张华．课程与教学论［M］．上海：上海教育出版社，2000．

［8］Richard D，Scotterd V，Kraft R J et al．Foundation of education：Social Perspective［J］．1979：272．

［9］Michael W．Apple．Knowledge Reproduction，Contestation，and Curriculum：An Essay in Self-Criticism［J］．Interchange，1981，12：33．

［10］Lawton D．Theory and Practice of Curriculum Studies，Routledge and Kegan Paul［J］．Routledge & Kegan Paul，1978．

［11］罗伯特·达尔．民主理论的前言［M］。顾昕，朱丹译．北京：生活，读书，新知三联书店，1994．4

［12］Ogo Okoyo-Johnson．Does Multicultural Education Improve Students' Racial Attitudes？Implications for Closing the Achievement Gap［J］．Journal of Black Studie，2011，42（8）：1252－1274．

［13］王鉴，秦积翠，栾小芳，等．解读中国多元文化教育［J］，贵州民族研究，2007（1）：145－150．

［14］吴坚．全球教育发展新趋势［M］．北京：人民出版社，2014．

［15］冯增俊．教育人类学［M］．南京：江苏教育出版社，2001．

［16］贺新宇．多元文化视域下的民族地区和谐教育研究［D］．重庆：西南大学，2016：22．

［17］朱姝．班克斯教育思想研究［D］．北京：中央民族大学，2013：185．

［18］程凯．基于建构主义高中化学学习环境的设计与实施研究［D］．武汉：华中师范大学，2016．

［19］Reiser RA．History of Instructional Design and Technology：Part2 A History of Instructional Design［M］．ETRD，2001．

［20］毛新勇．建构主义学习环境的设计［J］．外国教育资料，1999（1）：59－62．

［21］杨开城．建构主义学习环境的设计原则化［J］．中国电化教育，2000（4）：21．

［22］刘凤元．试论中外合作人才培养模式与课程体系耦合［J］．全国商情，理论研究，2012

(24): 72 - 74.

[23] Philip G. Altbach. Higher education' s landscape of internationalization: motivations and realities. Journal of Sciences in International Education, 2007, 11: 292 - 295.

[24] Philip G. Altbach, Jane Knight. The Internationalization of Higher Education: Motivations and Realities. Journal of Studies in International Education, 2007: 290 - 305.

[25] Qing Zha. Internationalization of Higher Education: Towards a Conceptual Framework. Policy Futures in Education, 2003, 1: 248 - 270.

[26] Knight J. Internationalization of Higher Education: New Directions, New Challenges [D]. Paris: International Association of Universities, 2006.

[27] 杨启光. 教育国际化进程与发展模式 [M]. 北京：社会科学文献出版社，2011.

[28] 李盛兵，刘冬莲. 高等教育国际化动因理论的演变与新构想 [J]. 高等教育研究，2013 (12): 29.

[29] 孟照海. 高等教育国际化的动因及反思 [J]. 现代教育管理，2009 (7): 16 - 18.

[30] 赵哲，陶梅生. 全球化背景下的高等教育国际化多维动因探析 [J]. 中国成人教育，2011 (1): 47 - 49.

[31] 唐盛昌，李英. 高中国际课程的实践与研究 [M]. 上海：上海教育出版社，2011. 8

[32] 崔永都. 校本课程开发：理论与实践 [M]. 北京：教育科学出版社，2000.

[33] 菲利浦·泰勒. 课程研究导论 [M]. 辽宁：辽宁教育出版社，1990.

[34] Gary D. Borich, Martin L. Tombari. 中小学教育评价 [M]. 国际基础教育课程改革组 (译). 北京：中国轻工业出版，2004.

[35] 唐盛昌. 我国高中引入国际课程应关注的几个问题 [J]. 人民教育，2010 (22).

[36] 徐士强，高光. 普通高中面向境内学生开设国际课程的现状、问题与建议 [J]. 教育发展研究，2012 (6).

[37] 熊静漪. 中外合作办学课程体系设置研究 [J]. 教学研究，2011 (5).

[38] 陈尚宝. 对话与融合：基础教育国际化认识与实践——首届“中外卓越校长南山对话”综述 [J]. 中小学管理，2011 (8): 28 - 30.

[39] 王佳. 关于课程设置研究的综述和展望——基于中外合作办学模式视角 [J]. 吉林省教育学院学报旬刊，2013 (7): 45 - 47.

[40] 陆劲松，丁云伟. 关于中外合作办学机制的思考 [J]. 江苏高教，2002 (1): 80 - 82.

[41] 董亦频. 中澳高中教育课程合作的研究与实践 [J]. 新课程研究，2007 (10): 12 - 14.

[42] 杨黎霞. 北京市中小学国际课程实施现状与对策建议 [J]. 北京教育，2014 (1).

[43] 张宁. 对中外合作课程“依附”与“借鉴”探析 [J]. 教学研究，2011 (5).

[44] 赵红霞，张小芳. 美国高中 AP 课程评述 [J]. 上海教育科研，2009 (4).

[45] 毕晓玉. 我国重点大学课程国际化的理论和实践研究 [D]. 武汉：华中科技大学，2004.

[46] 刘家访. 我国课程理论的本土建设研究 [D]. 上海：华东师范大学，2006.

[47] 肖海洋. 中美公立高中国际课程引进与实施研究 [D]. 北京：首都师范大学，2014.

[48] 滕珺. 21 世纪核心素养：国际认知与本土反思 [J]. 教师教育学报，2016.

[49] 余发碧，王禹苏，李静，郭玉婷．美国21世纪核心素养的落实：以教育为主　倾全社会之力［J］．中小学管理，2016．
[50] Partnership for 21st Century Skills. Curriculum and Instruction：A 21st Century Skills Implementation Guide［R/OL］．http://www. p21. org/ storage/documents/p21 – stateimp_professional – _development. pdf,2009.
[51] 钟秉林．推进教育国际化，促进学校内涵建设［J］．中国教育学刊，2014（9）．
[52] Altbach P G. Higher education' s landscape of internationalization：motivations and realities［J］．Journal of Sciences in International Education，2007（11）：292 – 295.
[53] 周满生．基础教育国际化的若干思考［J］．教育研究，2013（1）．
[54] 顾明远．教育的国际化与本土化［J］．华中师范大学学报（人文社会科学版），2011（6）．
[55] 王振权．教育适合学生：个性化教育实践范畴［J］．中国教育学刊，2012（5）．
[56] 顾明远．个性化教育与人才培养模式创新［J］．中国教育学刊，2011（10）．
[57] 周波．三十年来我国学生主体性研究的反思［J］．首都师范大学学报（社会科学版），2011（1）．
[58] 陈弘．科学教育发展观与学生主体论［J］．湖南师范大学教育科学学报，2006（5）．
[59] 黄济，王策三．现代教育论［M］．北京：人民教育出版社，2000．

后　记

2012年是我人生中极不平凡的一年，我从普通中学转向外国语学校，而这对于已步入知天命之年的我来说，极富挑战，这将是我三十余载教育生涯的再度出发。我不敢稍有懈怠，不断地学习、思考、探索、实践，企图让自己所做的工作立足时代、面向未来，所培养的学生扎根中国、融通中外，因此探索如何构建特色课程在我的教育生涯中显得犹为重要。于是我开始通过大量的阅读，不断借鉴、研究、创造，进行中外课程融合的实践探索，希望既能再次在流动中实现个人价值的不断增值，又能在学习与实践中走出一条特色发展之路。

为了科学地、系统地探索用什么样的课程来实现培养目标，同时也给其他有志于投身这方面研究的学者提供借鉴，我于2015年申报了广东省教育科学规划课题，经吴颖民校长、王红院长、廖文博士的指导，得以成为重点立项。这个课题也恰好作为我参加广州市第二批百千万工程名校长培训的研究课题，其间我还得到了我的两位导师赵敏教授和李赤校长的指导，才使得研究顺利完成，本书得以呈现。本书作为课题的成果，它向大家展示的不仅是2015年课题立项后的研究心得，且是可以追溯到2012年天外创办伊始，为了培养具有家国情怀、国际视野的和雅君子、世界公民，所进行的顶层设计和一系列实践探索，从理念依理、内容融合、资源融合、评价融合等方面，大胆构想，小心求证，前期工作充分且深入。

如今掩卷沉思，课题研究过程中的种种艰辛至今历历在目。大量文献的检索、研究队伍的组成与培训、研究路径的思考与拟定、实践总结与修正、研究报告的构思与撰写、课题组成员的思维碰撞与探讨都成为我生命中最珍贵的回忆与财富。正是课题组团队这群拥有教育情怀的人，无私竭诚地奉献自己的智慧，才使得天外这个新生儿，健康成长，才让在天外学习和生活的这群孩子得到更多关注和发展，成长为谦谦君子、文雅淑女，变得更加自信、高雅、阳光。每每看见孩子们在天外校园快乐自由地成长，付出得到了回报，我心中便生出无限欢喜。我们的研究能造福社会、造福孩子，夫复何求！

人生难免有遗憾，在本书即将完卷之时，我得知自己要离开为之倾注全部心血的天外，即将调往他处工作，课题组的主要成员刘娟同志也提拔到其他学校担任副校长。而这一课题的研究，目前只是阶段性的，还需继续深化，

他学校担任副校长。而这一课题的研究，目前只是阶段性的，还需继续深化，我们中途离开这片土壤，将对后续研究工作造成不便，因此在本书的最后一章中，我辟出专门章节，给天外写了几点建议，以期后来人拨冗继续研究下去，或是不断寻求合作来完成。

我此生选择教育，甘愿为之穷尽一生，无怨无悔。教育是培养人的事业，是解放人和发展人的事业，是成就生命的事业，是面向未来的事业，是立德树人的事业，它也是社会获得永续发展不竭的动力源泉。如此重要而伟大的事业，唯有用一颗赤诚之心、奉献之心，坚持坚守，方得始终。

不忘初心，再度出发。到达了某个人生节点，稍作停留，看看来时走过的路，整理整理行装，才能更好地继续前行，这也是我撰写这本书的初衷。回望是对以往所有努力的总结与告别，也是开启新旅程的起点。

感谢在本书编写过程中给予关心与支持的所有人，感谢课题组团队的努力与付出，因为你们用行动创造了传奇，才让我们有了共同的生命印记。在本书的编写过程中，得到天外行政团队的支持和帮助；得到李盛兵教授、刘婉华校长的悉心指导；得到刘娟副校长、罗敏娇校长助理、叶京京老师的大力支持，他们在资料收集、图片提供、校对修改中做了大量工作，在此一并表示衷心的感谢。期待在未来的岁月里，我们再一起书写出更多的教育传奇。

崔海友

2018 年 4 月 7 日